Hermann von Pfister-Schwaighusen

Das französische Heerwesen

Eine ausführliche Schilderung

Hermann von Pfister-Schwaighusen

Das französische Heerwesen
Eine ausführliche Schilderung

ISBN/EAN: 9783741184529

Hergestellt in Europa, USA, Kanada, Australien, Japan

Cover: Foto ©ninafisch / pixelio.de

Manufactured and distributed by brebook publishing software
(www.brebook.com)

Hermann von Pfister-Schwaighusen

Das französische Heerwesen

Das
Französische Heerwesen.

Eine ausführliche Schilderung

nach

amtlichen französischen Quellen

von

Hermann Pfister,
Hauptmann.

––––––

Vierte Abtheilung.
(Zweites Ergänzungs-Heft).

– – – – – – – – – – – – – – – – –

Kassel und **Leipzig, 1869.**
Verlag von Carl Luckhardt.

St. Petersburg.
J. Issakoff.

Wien.
L. W. Seidel & Sohn.
Graben 4.

Druck der Holop'schen Buchdruckerei.

Inhalts-Verzeichniß.

Über die Organisation der mobilen Bürger-Wehr.

Grundzüge der Organisation.

Seit der neue Heeres-Ergänzungs-Plan eine mobile Bürger-Wehr, als eine Gattung von Miliz, oder mit der Bestimmung einer Landwehr zweiten Aufgebotes, geschaffen hat, ist die Regierung thätig gewesen, der bestehenden wehrthümlichen Verfaßung Frankreichs das Gefüge der nöthig gewordenen Miliz-Einrichtungen und Anstalten einzupaßen.

Sie hatte dabei vielfach mit der Ungunst der thatsächlich gebotenen Verhältnisse zu kämpfen, da die Steuer, die das Gesetz über die mobile Bürger-Wehr dem Lande an Zeit und Geld auflegen zu können glaubte, nach Allem eine sehr mäßige sein mußte.

Voraussichtlich wird in Zukunft ein stetes Abwägen der flüßigen Mittel zwischen beiden hauptsächlichen Klassen der französischen Streitkräfte: dem stehenden Heere einer Seits, und der mobilen Bürger-Wehr anderer Seits Statt haben. Bei der schon hoch gespannten Besteuerung des Landes ist eine weitere Entwickelung des Milizwesens, über die heute vorligenden Anfänge hinaus, kaum denkbar; es sei dann Hand in Hand mit einer Herabminderung der Ausgaben für das stehende Heer.

Wir dürfen uns an dieser Stelle noch kürzlich die zur Theilung der ganzen Jahres-Aushebung führende Reihen-Folge der geloßten Nummern ins Gedächtniß rufen.

Die niedrigsten Nummern fallen der Marine zu, die nächsten dem stehenden Land-Heere; wiederum mit der Unterscheidung, daß die höhere Nummer die Vergünstigung des Dienstes als Krümper mit sich bringt. Die höchsten Nummern endlich geben den Ersatz der mobilen Bürger-Wehr.

1*

In runder Summe hat die Regierung die zu erreichende Stärke auf 500,000 M. veranschlagt; ja man ist in seinen Erwartungen noch darüber hinaus gegangen. Wir sahen, daß mit 468,000 Pflichtigen (1. E. H. S. 60) *) das Leistungs-Vermögen des Landes erschöpft sein möchte; wenn man nicht etwa später wieder die Aushebung für das stehende Heer um ein Entsprechendes zu mindern beabsichtigt.

Um nun diese Anzahl pflichtiger Mannschaft in Bataillone, Kompagnien und Batterien — d. h. Artillerie-Festungs-Kompagnien — zu vertheilen, beburfte es zunächst der Feststellung eines Maximums der für das Aushebungs-Gebiet jener taktischen Körper verfügbaren Anzahl Pflichtiger.

Die hierfür, und die daraus fließende Miliz-Eintheilung des Landes gültigen Gesichts-Punkte waren folgende:

1. Eine zu große Anzahl taktischer Körper war wegen der nothwendigen Kosten für Unterhalt der Rahmen zu vermeiden.

2. Der Kriegs-Fuß dieser Körper darf nicht berührt werden durch den Ausfall Derer, die voraussichtlich in Menge bei einer Mobilmachung dem Dienste sich zu entziehen suchen, und etwa mit Gesuchen wegen häuslicher Unabkömlichkeit, Siechtums u. s. w. die Befreiung erstreben. (Man vergeße nicht, daß z. B. dem Heirathen keinerlei Hinderniß im Wege stehet.)

3. Die dem Verbande eines Körpers angehörige Anzahl Pflichtiger muß hoch bemeßen sein, damit, bei der Schwierigkeit des Zusammenziehens zum Zwecke der Ausbildung, die nothwendigen Übungen auch in Bruchtheilen vorgenommen werden können.

Diese Erwägungen haben dahin geführt, das Aushebungs-Gebiet eines Bataillones der mobilen Bürger-Wehr so zu begrenzen, daß 2000 Pflichtige darinne wohnen, und soll ein solches Miliz- oder landschaftliches Besatzungs-Bataillon in acht Kompagnien zerfallen, deren Auslese sich also auf je 250 Mann erstreckt.

Da nun die Kriegs-Stärke eines französischen Linien-Bataillones in sechs Kompagnien ungefähr 700 M. beträgt, und demnach eines von acht Kompagnien allenfalls auf 900 angesetzt werden möchte, so macht sich die Militär-Behörde also darauf gefaßt, wenigstens für die erste Aufstellung zum Ausmarsche, auf die Hälfte der Pflichtigen zu verzichten.

---

*) Bedeutet: erstes Ergänzungs-Heft Seite 60.

Damit ist dann freilich noch nicht gesagt, daß einige Zeit nach dem Ausmarsche dieser ersten 900 M. oder des bataillon principal, wie man in Frankreich sagen würde, nicht eine neue Aufstellung aus den für den ersten Augenblick unabkömlich gewesenen, oder auch in den einen Rahmen nicht Unterzubringenden, also vielleicht ein sogenanntes bataillon bis versucht werden möchte.

Übrigens soll mit Darlegung dieses Verhältnisses durchaus nicht etwa ein Tadel der neuen Miliz-Schöpfung ausgesprochen werden. Man muß vielmehr anerkennen, daß die Regierung verstanden hat, mit den noch ungenügenden Gesetzes-Bestimmungen zu rechnen, und, wie sich zeigen soll, die militärische Seite möglichst zum Ausdrucke gelangen zu laßen. Auch finden wir auf dem Boden der Schweiz eine ähnliche Erscheinung, der W. Rüstow namentlich aus volkswirthlichen Gründen beipflichtete.

Dort haben nemlich thatsächlich in manchen Bundes-Staaten, je zwei und zwei Bataillone gemeinsamen Ergänzungs-Bezirk, und vermeidet man also, indem man bei nur theilweiser Mobilmachung entweder die geraden oder die ungeraden Miliz-Bataillone zur Fahne beruft, daß von benachbarten Kreißen der eine vielleicht erschöpft wird, während der andere ganz unberührt bleibt.

Die französischen Aushebungs-Gebiete selbst führen nun den Namen Bezirke (circonscriptions), und sind so weit als irgend möglich der bestehenden militärischen Verwaltungs-Eintheilung des Landes in Divisionen und in Unterdivisionen (Brigaden) angepaßt; welch letztere bekanntlich ihrer Seits den bürgerlichen Regierungs-Bezirken oder Departements entsprechen.

Solcher Weise gestellt ein Departement eine größere Anzahl Bataillone oder eine Miliz-Brigade, ein Kreiß (arrondissement) ein oder selbst mehrere Bataillone, ein Amt (canton) eine oder mehrere Kompagnien. Bei minder dichter Bevölkerung finden sich auch zwei, drei Kreiße zur Gestellung eines Bataillones, einige Ämter zu der einer Kompagnie zusammen gefaßt.

Wenn die Auslese pflichtiger Mannschaft zweier benachbarter Bataillons-Bezirke mit der Zeit merklich aus einander gehen sollte, so daß in dem einen die Ziffer weit unter 2000 bliebe, und im anderen bedeutend darüber gewachsen wäre, so können einige Ämter dieses letzteren Bezirkes zu möglichstem Ausgleiche jenem lichter gewordenen überwiesen werden.

Die Bataillone ein und desselben Departements sind nach der alphabetischen Folge der Kreiße, aus denen sie sich ausheben, numeriert, eben so die Kompagnien eines Bataillones nach derjenigen ihrer Ämter. Gleiches gilt von den Batterien. Die Hauptorte derjenigen Kreiße und Ämter, die bei dieser Numerierung den Ausschlag gegeben haben, wobei man sich erinnere, daß oft mehrere in Frage kommen, sind zugleich die Stabs-Orte der Bataillons- und Kompagnie-Bezirke.

Diese Stabs-Orte sind dann im Allgemeinen auch die Punkte, wo die Mannschaften zu Übungen zusammen gezogen werden.

Da jedoch bei solchen Zusammenziehungen die Leute im Bereiche ihrer Wohnungen bleiben sollen (— nemlich aus Ersparungs-Rücksichten, weil sonst der Behörde die gesetzliche Verpflichtung für Unterkunft und Verpflegung erwüchse, sowie auch, um von der ohnehin schon knapp gemeßenen Zeit keine Tage durch Hin- und Hermärsche zu verlieren —), so soll für gewöhnlich, d. h. in Fällen, wo das Kriegs-Ministerium die nöthigen Mittel nicht ausdrücklich angewiesen hat, die äußerste Entfernung 1¹⁄₂ Meile betragen, oder genau 3192 rheinische Ruthen.

Es wird sich also äußerst selten treffen, etwa abgesehen von großen städtischen Bezirken, daß man an einem Orte ein Miliz-Bataillon auf Kriegs-Stärke zusammen ziehen kann; vielmehr wird man, in einem Bataillons-Bezirke oder Kreiße, der Reihe nach an verschiedenen Orten, jedes Mal mit anderer Mannschaft, im schwachen Friedens-Bataillone exercieren müssen. Man siehet, daß die Auslese von 2000 Mann, zumahl sich dieselben auf fünf, in ihrer Ausbildung ungleich geförderte Alters-Klassen, bez. Jahrgänge vertheilen, keine zu große ist.

Aus dem Folgenden soll sich noch ergeben, daß meistens selbst die Zusammenstellung einzelner Bruchtheile zu einem Einübungs-Bataillone gar schwierig ist; doch hält man französischer Seits diesen Mißstand nicht für erheblich, da, nach der ganzen Bestimmung der mobilen Bürger-Wehr, die Abrichtung des einzelnen Mannes in erster Reihe stehe, für alles Weitere später aber immer noch Zeit bleibe.

Falls eine Kompagnie in zwei angrenzenden Ämtern ausgehoben wird, so stellt jedes eine Sektion. (Man muß hierbei die taktische Gliederung des französischen Bataillones im Auge haben). Der Vereinigungs-Punkt der Kompagnie — und zwar nicht bloß zu Zwecken der Übung, sondern auch zu Kontrol-Versammlungen und dergleichen — wird alsdann nicht im Stabs-Quartiere, sondern auf der Grenze beider Ämter sein, wiederum voraus gesetzt, daß die Entfernung der abgelegensten Gemeinden nicht über 1¹⁄₂ Meile

betrage. Sonſt werden die Sektions in ihren Bezirken einzeln zuſammen gezogen.

Bei ſolch läſtigen Rückſichten wird leicht ſchon in einem Amte
der Hauptort, ſeiner geographiſchen Lage nach, ſich nicht zum Vereinigungs-Punkte der Kompagnie eignen; alsdann iſt die Ausnahme
geboten, das Stabs-Quartier zu verlegen. Dennoch ſoll in ſolchem
Falle die Abrichtung der jungen Mannſchaft aus den nächſten Gemeinden am Hauptorte des Amtes, und nur für die Übrigen am
Vereinigungs-Punkte der Kompagnie Statt finden.

Wenn eine Kompagnie aus einem dünner bevölkerten und alſo
räumlich weit erſtreckten Amte ausgehoben wird, deſſen Ortſchaften
vielfach weiter denn 3 Meilen aus einander gelegen ſind — wo
alsdann kein Mittelpunkt für Entfernungen von 1½ Meile ſich
finden ließe — ſo wird ein ſolcher Bezirk ein für alle Mal in zwei
Sektions-Bezirke getheilt. Das Stabs-Quartier der Kompagnie
mag dann am Hauptorte des Amtes bleiben, während alle Zu-
ſammenziehungen ſtets getrennt an je einem Vereinigungs-Punkte
der beiden Sektions-Bezirke Statt haben. Übrigens wird auch
ſonſt ein Kompagnie-Bezirk in zwei Sektions-Bezirke, und jeder
dieſer wieder in zwei Halbſektions-Bezirke eingetheilt, nur haben
dieſe für gewöhnlich nicht ihre beſonderen Vereinigungs-Punkte.

Wie ſehr berechtigt ein ſolches, aus allen Beſtimmungen erſicht-
liches Geizen mit der Zeit iſt, wird Einem recht klar, wenn man
ſich, auch einmal abgeſehen von den geringen geldlichen Mitteln,
der geſetzlichen Beſchränkungen erinnert, wonach die Dauer der
Vereinigungen binnen der f ü n f Jahre nicht mehr denn 2½ Monat,
in e i n e m Jahre nicht mehr denn 20 Tage betragen, die einzelne
Zuſammenziehung aber nicht über 8 Tage ausgedehnt werden ſoll.

Die Anordnung von Vereinigungen, wobei auf die Einzelnen
einige Tagemärſche kommen, muß der Kriegs-Miniſter ſich alſo für
wenige Fälle vorbehalten.

Hier erübrigt dann noch das auf die Artillerie Bezügliche zu
erbringen.

Artillerie-Feſtungs-Kompagnien (batteries d'artillerie à pied)
der mobilen Bürger-Wehr werden überhaupt nur in Regierungs-
Bezirken oder Departements errichtet, wo ſich feſte Plätze und
Garniſons-Orte der Artillerie des ſtehenden Heeres finden.

Dieſe Batterien (um den franzöſiſchen Ausdruck einmal zu
gebrauchen) ergänzen ſich aus den Ämtern, die in einem Umkreiße
von weniger denn 1½ Meile von ſolchen feſten Plätzen oder Städten

erstreckt sind, und finden allgemein in jenen Orten ihre Vereinigungs-Punkte.

Sind diese Plätze oder Garnisons-Städte zugleich Hauptorte ihrer Ämter, so sind sie auch die erklärten Stabs-Quartiere der Miliz-Batterien; anderen Falls muß ein solches gleichwol am Haupt-orte des Amtes bleiben, wo dann auch die einzelne Abrichtung der Mannschaft Statt findet. Zu diesem Zwecke wird das nöthigste Material aus dem festen Platze ins Stabs-Quartier geschafft.

Nur für größere, vom Kriegs-Ministerium an zu ordnende Übungen, also auch für die Ausbildung im Schießen, gilt immer der nächste Waffen-Platz als Vereinigungs-Punkt einer solchen Batterie.

Für die Aushebung zur Artillerie der mobilen Bürger-Wehr ist ein mindester Wuchs von 5' 1,92" ddc. rhn. erforderlich; also eine geringere Größe denn beim stehenden Heere, wo die Artillerie keine Leute unter 5' 4,22" ddc. einstellt.

Die Auslese innerhalb eines Batterie-Bezirkes begreift gleich-falls 250 Pflichtige.

Grade, Rahmen und höherer Befehl.

Grundsätzlich ist aufgestellt, daß die Fügung der Rahmen der Miliz keine andere denn die des stehenden Heeres sei, und findet eine Abweichung hiervon eigentlich auch nur in so weit statt, als die Ausstattung mit Graden eine geringere ist. Sie kann es um so leichter sein, als selten oder fast nie Ansammelung zu größeren Übungen sich vor der Hand für die Miliz ergeben dürfte.

Die Rahmen der mobilen Bürger-Wehr begreifen demnach außer der gemeinen Mannschaft folgenden Stand an Graden u. s. w.

Für jedes Bataillon:
1 Bataillons-Chef.

Für jede Kompagnie:
1 Hauptmann, 1 Lieutenant, 1 Unterlieutenant, 1 Feldwebel, 4 Sergeanten, wovon einer Instruktor, 8 Korporäle und 1 Trommler.

Wie man siehet, sind die Stellen eines Bataillons-Adjutanten (capitaine-adjudant-major) und des Unter-Adjutanten (adjudant sous-officier) auf Friedens-Fuße entbehrlich erachtet. Noch weniger von Nutzen wäre, da alle Ausbildung in der Kompagnie geschiehet, die Stelle eines besonderen Schießlehrers (capitaine instructeur de tir) gewesen, die sich bekanntlich bei den Jäger = Bataillonen findet, und mit deffen Dienste neuerbings, seit Einführung der Hinterlader, auch bei jedem Linien=Bataillone einer der Hauptleute betraut ist.

Endlich gestattet die Einfachheit der Verwaltung in den Kompagnien, daß je einem Unteroffiziere auch alle die Obligenheiten zufallen, die bei den Infanterie=Regimentern die Verrichtungen des Majores, Zahlmeisters, deffen Adjunktes, und des Bekleidungs= Offizieres ausmachen (siehe H. S. 29) *).

Gleicher Weise wäre die Anstellung von Ärzten unnöthig gewesen, da, bei Erkrankungen während einer Übung und in Folge des Dienstes, das nächste Militär=Lazareth dem Bedürfniffe genügt.

Die Artillerie angehend, so hat in jedem Departement, welches zum Mindesten zwei Miliz=Batterien stellt, ein höherer Offizier dieser Waffe die obere Leitung.

Für jede Batterie amtieren:

1 Hauptmann, 1 erster Lieutenant, 1 zweiter Lieutenant, 1 Wachtmeister, 4 Sergeanten, wovon einer wiederum Instruktor, 8 Korporale (Brigadiere genannt), 1 Trompeter.

Hinsichtlich der Beschränkung an Stellen finden wir also Ähnliches als bei der Infanterie. Die Namen der Grade sind die gleichen als im stehenden Heere (s. H. S. 101). Daß anstatt eines Unter= Lieutenants ein zweiter Lieutenant aufgeführt wird, möchte auffallen, da hierin bekanntlich ein Unterschied fachwißenschaftlicher Befähigung ausgesprochen ligt, die doch gewiß bei der Miliz nicht in Vordergrund gerückt wird. Vielleicht hat aber hier auch nur die Gewohnheit alt hergebrachter Benennungen sich für jenen Namen entschieden.

Da alle Miliz = Formationen eines Departements, wie schon Eingangs gesagt ward, einheitlich zusammen gefaßt werden sollen, so ist dann dem Stabe des die betreffende Unterdivision befehligenden Brigade=Generales, bez. der Intendantur = Stelle desselben (H. S. 183—184) nun auch ein Büreau für die mobile Bürger=Wehr des Departements angeschloßen.

Der Vorstand solches Büreaus ist ein Wirtschafts=Hauptmann (capitaine faisant fonctions de major) mit dem Sitze am Hauptorte des Departements. Wir finden also hier erst bei einer Miliz=

---

*) Bedeutet: Heerwesen, Seite 29 (Hauptwerk).

Brigade das Bedürfniß einer Stelle, wie sie bei selbständigen Bataillonen des stehenden Heeres von einem Offiziere gleiches Ranges
bekleidet wird. Dieß kann eben nur für die Friedens-Verhältnisse
genügen, und müste bei einem Aufgebote der Miliz sofort in größerem
Maße umgestaltet werden.

. Diesem Wirtschafts-Hauptmanne fallen aber auch noch verschiedene andere Verrichtungen zu, durch die er theilweise in ähnliche
Stellung kömt, als der Kommandant des im Departement befindlichen Aushebungs-Depots, dem ja (H. S. 140—143) alles auf
die Krümper, Großurlauber und Reservisten Bezügliches obligt.
Nachdem nemlich die Arbeiten des Durchsichts-Rathes (H. S. 135
und 138) geschloßen sind, reicht der Präfekt, gemäß den Vorschriften
des Circulaires vom 12. Februar 1868, eine Abschrift der Haupt-
liste der Aushebung des Departements dem Kommandeure des Aushebungs-Depots ein. Dieser übermittelt nun dem Wirtschafts-
Hauptmanne eine Liste Derjenigen, die, den Nummern nach, den
Ersatz der mobilen Bürger-Wehr bilden, sowie Auszüge seiner Aufstellungen über Wuchs und körperliche Geeignetheit der jungen Leute.

Auf Grund dieser Listen führt nun der Wirtschafts-Hauptmann
ein großes Grundbuch der Brigade, und trifft, nach Maßgabe der
Ergänzungs-Bezirke, die Vertheilung an die Bataillone, Kompagnien
und Batterien, denen zugleich er die nöthigen Auszüge seines Grund-
buches zugehen läßt. Außerdem legt er sämmtliche Abrechnungs-
Bücher der Wehrmänner an, trägt Alles auf deren bürgerliche Verhältnisse Bezügliches sowie das Signalement ein, und übermittelt
auch diese den Truppen-Theilen.

Solche Abrechnungs-Bücher sind ähnlich denen der Mannschaften
des stehenden Heeres. Hinter dem eingedruckten Auszuge aus dem
Militär-Gesetzbuche (vom 9. Juni 1857) folgen jedoch auch die auf
die Miliz bezüglichen Artikel des neuen Wehrgesetzes vom 1. Febr. 1868,
sowie gewisse Verfügungen, über Handhabung der Mannszucht im
Frieden bei der Bürger-Wehr, wie sie aus dem Gesetze vom
13. Juni 1851 fließen.

Wir erinnern bei dieser Gelegenheit, worauf auch später noch
zurück zu kommen ist, daß, auch für die mobile Bürger-Wehr,
die Kriegs-Artikel nur bei einem Aufgebote verbindlich werden.

Ob es nun nöthig war, den Wirtschafts-Hauptmann, dem
schon sehr viel Verrichtungen, wie später sich noch ausweisen soll,
zufallen, solcher Gestalt auch in das Ersatz-Geschäft hinein zu ziehen,
ist schwer ab zu sehen. Füglich hätte die Vertheilung der Wehr-

männer doch auch beim ständigen Aushebungs-Depot des Departements erledigt werden gekonnt.

Die einzige Unterstützung des Wirtschafts-Hauptmannes im Frieden ist ein Unteroffizier mit ebenfalls mannigfacher Bedienstung. Er ist Schriftführer, und hat zugleich alle für die mobile Bürger-Wehr bestimmten Ausrüstungs-Stücke in Gewahrsam, die nicht in Händen der Mannschaft sind. Sein Titel ist sous-officier secrétaire garde - magasin.

Von den verschiedenen, im Vorstehenden aufgeführten Graden, in den Rahmen und bei den Verwaltungs-Stellen der Miliz, sind jedoch nicht etwa Alle, für gewöhnlich, dauernd im Dienste, eben so wenig als dieß hinsichtlich der Mannschaft der Fall ist.

Einen eigentlichen, so zu sagen besoldeten Stamm bilden vielmehr von jeder Kompagnie oder Batterie der Hauptmann, der Feldwebel (Wachtmeister), nur 1 Sergeant — als Instruktor —, und der Spielmann. Darzu kommen dann die Bataillons-Cheffe, der höhere Offizier der Artillerie, und der Wirtschafts-Hauptmann mit seinem Gehülfen.

Wie die neue Schöpfung der alten wehrthümlichen Verfaßung eingepaßt, und wie darbei der Befehl gegliedert ist, ergibt sich übersichtlich am Besten aus folgenden an einander gereiheten Bestimmungen.

Kein Aufgebot der mobilen Bürger-Wehr, keine Zusammenziehung von Mannschaften zu Übungen oder anderen Zwecken ist ohne Vorwißen der betreffenden höheren Militär-Behörde möglich.

Der befehligende General der territorialen Division empfängt Berichte und Meldungen seiner Brigade-Generale, denen ebenso durch ihn die bezüglichen Erlaße und Verfügungen des Kriegs-Ministers zugehen.

Ein Brigade-General erhält regelmäßige Rapporte aller Bataillone, des höheren Offizieres der Artillerie, und des Wirtschafts-Hauptmannes. Er hat die höhere Leitung der Ausbildung und der Mannszucht, sowie die Regelung aller Verhältnisse der Verwaltung, wo es sich um Vermittelung zwischen Intendantur und Miliz handelt.

Hiernach ist sein Einfluß gegenüber der mobilen Bürger-Wehr des Departements viel größer denn gegenüber den, augenblicklich in der Unterdivision garnisonierenden Truppen des stehenden Heeres, wo er sich fast nur auf die Überwachung beschränkt, während die Regiments-Kommandeure unmittelbar mit dem Kriegs-Minister verkehren (s. H. S. 31—33, und 182—185).

Diese am Boden haftende, bleibende Miliz-Eintheilung ist also in Wirklichkeit eine territoriale oder landschaftliche, wogegen auf die stets wechselnde Verwaltungs-Zugehörigkeit der stehenden Truppen viel beßer der Ausdruck gouvernementale Gliederung paßte.

Der Brigade-General hat dann alle drei Monate, zur Mittheilung an den Kriegs-Minister, ausführlich über Geist, Führung und erlangte Ausbildung der Miliz, sowie über dienstliche und persönliche Verhältnisse der Offiziere und Unteroffiziere an den Divisionär zu berichten.

Erfatz der Führer und niederen Grade.

Die nächste Frage ist nun, in welcher Weise die Grade der mobilen Bürger-Wehr sich ergänzen.

Nach dem Gesetze ernennt der Kaiser die Offiziere, dargegen soll von dem befehligenden Generale der territorialen Division die Ernennung der Unteroffiziere, Korporale und Spielleute abhangen.

Warum allerdings die Bestallung eines Trommlers von einer im Verhältnisse so hohen Stufe aus gehen soll, ist nicht recht ersichtlich, zumahl wenn man bedenkt, daß oft eine größere Anzahl Brigaden zum Bereiche eines Divisionärs gehören. Man wollte jeden Falles einer militärischen Behörde die Wahl zusichern, da eines Theiles der Regiments-Verband fehlt, anderen Theiles Hauptleute und Bataillons-Kommandeure Männer sind, die sich halb und halb in bürgerlichen Lebens-Verhältnissen befinden. Nächst lag es da aber doch, dem Brigade-Generale eines Departements die Bestätigung jener niederen Grade zu überlaßen.

Möglich übrigens, daß es darauf ankam, auch einer militärischen Behörde über die Brigade hinaus solcher Gestalt lebhaftere Fühlung mit den neuen Miliz-Einrichtungen, und erhöhete Theilnahme darfür zu schaffen.

Was nun, als das Wichtigste, die Auswahl geeigneter Persönlichkeiten für Zusammensetzung der Offiziere und Unteroffiziere betrifft, so hat man ganz richtig erkannt, daß die sittliche Achtung, die der Einzelne im bürgerlichen Leben genießt, ein wesentlicher Gesichts-Punkt für Milizen sei, bei denen im Frieden sich gleich strenge Mannszucht als im stehenden Heere nicht handhaben laße. Ehrbare Stellung im öffentlichen Leben, und eine gewisse Bekanntſchaft innerhalb des betreffenden Ergänzungs-Bezirkes ſind daher bedingende Umſtände.

Die Offiziere aller Grade ſollen, mit vorſtehender Rückſicht, gewählt werden:

1. unter den außer Thätigkeit befindlichen, ausgeſchiedenen, oder verabſchiedeten Offizieren. (Es ſind dieß drei geſonderte Klaſſen, ſ. H. S. 170 u. f. w.);

2. unter den dreißig Jahr gedienten Offizieren des ſtehenden Heeres;

3. unter den Unteroffizieren desſelben, die eine Dienſtzeit von fünf und zwanzig Jahren erfüllt haben.

Solche Männer müßen ſich körperlich noch zum Dienſte eignen, und im Bezirke ihrer Abtheilung anſäßig ſein. Für übertretende Offiziere und Unteroffiziere des ſtehenden Heeres wird eine Dienſt= zeit von 30 bez. 25 Jahren deshalb gefordert, weil hiermit zugleich das Anrecht auf Ruhe-Gehalt erworben iſt, während anderes Falles etwa eine Übernahme vom Etat des ſtehenden Heeres auf den der mobilen Bürger-Wehr nicht wol angienge, da im Budget entſprechende Mittel nicht vorgeſehen ſind.

Übrigens erhalten auch dieſe letzteren nur einen Befehl ent= weder in ihrem heimiſchen Departement, oder doch in ſolchen, wo ſie verwandtſchaftliche oder geſchäftliche Beziehungen haben, die im Verhältniſſe zur Wichtigkeit des übertragenen Amtes ſtehen.

Eine Ausnahme hiervon kann ſelbverſtändlich in Betreffe der Wirtſchafts = Hauptleute gemacht werden, in ſo ferne dieſelben in keine unmittelbare Berührung mit der Mannſchaft treten. Bei der Wahl für dieſe Stellen iſt in erſter Reihe auf allgemeine Kenntniß des Verwaltungs = Getriebes zu ſehen. Der Erſatz kann daher aus den Kreißen der nichtſtreitbaren Offiziere, und der Unteroffiziere der Verwaltungs=Truppen leicht gedeckt werden. (H. S. 181).

Bei allgemeinem Mangel an Offizieren iſt es alsdann aus= nahmsweiſe auch vorgeſehen, daß unter gewiſſen Bedingungen, ſchon nach einer Dienſtzeit von 27 Jahren, auch Offiziere des ſtehenden Heeres übertreten können. Die ſolches wünſchen, müßen jedoch, während der drei fehlenden Jahre vom Etat abgeſetzt (hors cadre geſtellt) werden, und können in der Zwiſchenzeit, bis ſie in den Bezug des Ruhe-Gehaltes einrücken, einzig und allein die außer= ordentlichen Gebühren erhalten, die für diejenigen Grade der mobilen Bürger = Wehr ausgeſetzt ſind, die den ſtändig beſoldeten Stamm bilden.

Sie erleiden also eine gelbliche Einbuße, in Entschädigung derer ihnen 27 Jahre aber später als 30 gerechnet werden.

Eine nicht minbere Sorge für die Regierung lag und ligt in der Sicherung des Ersatzes geeigneter Unteroffiziere und Korporäle. Wiederum mit steter Beachtung der allgemein gültigen Rück-sichten, sollen dieselben ausgelesen werden:

1, unter den Unteroffizieren und Korporälen des stehenden Heeres, die eine Dienstzeit von fünf und zwanzig Jahren erfüllt haben;

2, unter allen ausgebienten Soldaten, und mit Ruhe-Gehalte verabschiebeten Wiedergeworbenen (H. S. 135 und 169 — 170), wenn dieselben als Freiwillige in die mobile Bürger-Wehr eintreten;

3, unter den für die Miliz Ausgehobenen, oder sonst frei-willig in Zugang gekommenen.

Man siehet aus diesen Bestimmungen, daß nicht nur die Offi-ziere, sondern theilweise auch Unteroffiziere und Korporäle schon ältere Männer sein werden. Die Regierung hält jedoch solche Mischung für ganz vortheilhaft, indem das erfahrene Alter die un-geschulte Begeisterung junger Bürger und Neulinge regeln müße.

Vielleicht wird es ja aber mit der Zeit auch üblich, daß große Grundbesitzer oder sonstige vermögende Männer sich einen Grad im stehenden Heere erdienen, um dann eine entsprechende Stelle in der mobilen Bürger-Wehr ihres heimischen Departements bekleiden zu können. Überhaupt darf man wol von der Zukunft noch Manches für weitere Entwickelung aller Verhältnisse erwarten.

Einstweilen hat man folgende Alters-Grenzen der einzelnen Grade annehmen zu müßen geglaubt. Höhere Offiziere bis 62 Jahre; Hauptleute, Lieutenants und Unterlieutenants bis 60; Unteroffiziere, Korporäle und gemeine Mannschaft bis 55 Jahre.

Gegen die im stehenden Heere gültigen Sätze (H. S. 170—171) weicht zumahl letztere Bestimmung ab, und schiebt die Grenze um volle zehn Jahre hinaus. Hauptleute bis zu 60 Jahren gibt es dargegen auch bei den stehenden Truppen.

Die Anwartschaft, überhaupt noch zu einem der drei subalternen Offiziers-Grade in der Miliz aufzurücken, erlischt mit dem 55sten, diejenige für höhere Stellungen mit dem 57sten Lebens-Jahre.

Da der Anspruch auf Beförderung durch dar gelegten Eifer und größere militärische Befähigung begründet sein soll, so scheint man sich, eben so als im stehenden Heere, an das Dienstalter nicht allzu strenge binden zu wollen.

Die Bestimmungen über Nachsuchen des Abschiedes sind für
die Offiziere und Unteroffiziere der mobilen Bürger-Wehr keine
anderen benn die allgemein gültigen. Alle derartige Gesuche gehen
den Instanzen-Weg. Auch hinsichtlich der Ertheilung des Abschiedes
aus dienstlichen Gründen ist nichts Abweichendes zu erwähnen.

Bezüge, Ausrüstung und innere Verwaltung der Rahmen.

Nach den gesetzlichen Bestimmungen haben einer Seits feste
Besoldung im Frieden nur Diejenigen zu beanspruchen, die dauernd
sich im Dienste befinden, anderer Seits tritt Jeder nur vorüber
gehend Bedienstete sofort in Verpflegung, der länger benn 12 Stunden
von seinem Herde entfernt gehalten wird.

Findet letzteres Statt, so sind die Bezüge aller Grade der
mobilen Bürger-Wehr dieselben als im stehenden Heere.

Man kann also nicht sagen, daß die Rahmen für gewöhnlich
besoldet wären; vielmehr ist es nur ein kleiner Stamm, dessen Angehörige vorhin schon aufgezählt wurden. Die Diesen gewährten
Entschädigungs-Gebühren oder Amtierungs-Zulagen (indemnité de
service) sind nun folgender Maßen ausgeworfen.

Der Wirtschafts-Hauptmann sowie die Kompagnie- und Batterie-
Kommandanten erhalten, außer der persönlichen Zulage, noch Büreau-
Unkosten.

Wirtschafts-Hauptmann:
a. Zulage . . . . 1600 Fr. (420 Thlr. 20 Sgr.)
b. Büreau-Gelder . . . 800 Fr. (210 Thlr. 10 Sgr.)
In den Departements, wo die Anzahl der Kompagnien bez. Batte-
rien mehr benn vier und zwanzig beträgt, sind weitere 15 Fr. (4 Thlr.)
für jeden diese Anzahl überschreitenden Truppen-Körper bewilligt.
Wirtschafts-Unteroffizier . . 500 Fr. (133 Thlr. 10 Sgr.)
Bei der Infanterie:
Bataillons-Chef . . . . 1800 Fr. (480 Thlr.)
Hauptmann
a. Zulage . . . . 1000 Fr. (266 Thlr. 20 Sgr.)
b. Büreau-Gelder . . . 120 Fr. (32 Thlr.)
Feldwebel . . . . 600 Fr. (160 Thlr.)
Sergeant-Instruktor . . . 450 Fr. (120 Thlr.)
Trommler . . . . 300 Fr. (80 Thlr.)

Bei der Artillerie:

Höherer Offizier . . . . 2000 Fr. (533 Thlr. 10 Sgr.)
Hauptmann
a. Zulage . . . . . . 1200 Fr. (320 Thlr.)
b. Büreau-Gelder . . . 120 Fr. (32 Thlr.)
Wachtmeister . . . . . . 650 Fr. (173 Thlr. 10 Sgr.)
Sergeant-Instruktor . . . 500 Fr. (133 Thlr. 10 Sgr.)
Trompeter. . . . . 320 Fr. (85 Thlr. 10 Sgr.)

So weit diese Grade Männern verliehen sind, die sich im Genuße eines Ruhe-Gehaltes befinden, erhalten solche über denselben hinaus vorstehende Gebühren unverkürzt.

Ist eine Miliz-Abtheilung in allen ihren Graden zu einer mehrtägigen Übung vereinigt, so ist die Besoldung der Einzelnen nothwendig eine ganz abweichend geregelte. Denn, während für alle zum Stamme Gehörigen dem Staate keine außerordentlichen Ausgaben erwachsen, hat derselbe für Unterkunft und Verpflegung der Übrigen, Offiziere und Mannschaften, nach den im stehenden Heere gültigen Sätzen aufzukommen. Wahrscheinlich jedoch, daß wenigstens die Einquartierung der Leute des Stammes vermittelt wird. Bei einem Aufgebote jedoch, also in Fällen einer Mobilmachung u. s. w. tritt ein gleichmäßiger Kriegs-Sold, bezw. Verpflegung für Alle ein, und fallen also dann sowol die Ruhe-Gehalte als die Entschädigungs-Gebühren einstweilen weg.

Die Auszahlung aller Gebühren des besoldeten Stammes geschiehet jeden Monat und zwar nachträglich. Die nöthigen Gelder werden Seitens des Wirtschafts-Hauptmannes, der von den Kompagnien in Kenntniß aller Veränderungen zu halten ist, beim Unter-Intendanten der Brigade zeitig genug erhoben, um sie vor Ablaufe der Frist in Jedes Hände gelangen zu laßen.

Diese Vermittelung geschiehet durch die Land-Gensdarmerie.

Auch wenn Grade und Mannschaften zu mehrtägigen Übungen eingezogen werden, hat der Wirtschafts-Hauptmann Sold und Verpflegungs-Gelder den Kompagnien zu entrichten. Weiteres, z. B. Lieferung der Mund-Vorräthe, bleibt jedoch unmittelbare Sache der Unter-Intendantur.

Hieran schließt sich die Frage der Ausrüstung.

Grundsätzlich muß der Staat für Bekleidung aller Unteroffiziere, Korporäle und Mannschaften sorgen, mit alleiniger Ausnahme Derer, die für das stehende Heer ausgehoben, sich aber los gekauft, d. h. dort durch Leute vertreten gelaßen haben, die sonst an ihrer Statt in die mobile Bürger-Wehr eingestellt wären (s. die gesetzlichen Bestimmungen). Solche rüstet der Staat nicht aus; übrigens kann auch jeder andere sich etwa eigene Sachen anschaffen.

Die Ausrüstung bestehet in Waffenrock, Hosen, Käppi, Halsbinde, Gurt mit Bajonet-Scheide für die Infanterie, mit Säbeltasche für die Artillerie; ferner in einem kleinen Beutel oder Ranzen (étui-musette).

Die Tragezeit des Waffenrockes ist auf zehen Jahre fest gesetzt, die der Hosen und Halsbinde auf fünfe; nach dieser Frist sind dieselben verdient und gehören dem Manne. Der Waffenrock wechselt somit jedes Falles den Besitzer, die anderen Ausrüstungs-Stücke nur bei Abgange durch Sterblichkeit u. s. w. Angelegt darf die Uniform übrigens nur im Dienste werden.

Bei einer Mobilmachung erhält jeder Mann noch zwei Paar Schuhe, ein Paar lederne Gamaschen, zwei Hemde und einen Tornister. Er trägt also bei den Übungen eigene Wäsche und Schuhzeug.

Die Waffen haben die Mannschaften niemals dauernd in Händen. Wo möglich sollen dieselben, innerhalb des Kompagnie-Bezirkes, in einer Kaserne der Land-Gensdarmerie, sonst jedoch in einem Raume aufbewahrt werden, der der Überwachung der nächsten Gensdarmerie-Abtheilung überwiesen werden kann. Zu den Übungen wird die nöthige Anzahl daher immer besonders verausgabt. Der Spielmann der Kompagnie versieht hierbei gewisser Maßen die Stelle eines Waffen-Wartes, und hat dieselben sauber zu halten. — Übersichtlich gestaltet die innere Verwaltung sich wie folgt.

Der Wirtschafts-Hauptmann empfängt aus den großen Ausrüstungs-Niederlagen des Heeres den für die mobile Bürgerwehr des Departements erforderlichen Bedarf an Gegenständen aller Art. Dieselben werden abgestempelt, und so weit sie nicht sofort zur Ausgabe an die Kompagnien kommen, in Vorraths-Kammern am Hauptorte des Departements hinterlegt. Auch gelangen hierhin alle noch nicht verdienten Ausrüstungs-Stücke der gestorbenen, oder abgegangenen Mannschaften der verschiedenen Kompagnien zurück.

Der Unter-Intendant der Brigade hat die Verwaltung dieser Vorräthe zu kontrollieren.

Ähnlich verhält es sich mit den Waffen, die der Wirtschafts-Hauptmann aus den Waffen-Fabriken des Staates beziehet.

Gerade nur so viel, als für die Ausbildung der Mannschaft nöthig sind, werden an die Kompagnien vertheilt. Für die übrigen bleibt der Wirtschafts-Hauptmann verantwortlich; doch soll, wenn es irgend angehet, die nächste Artillerie-Truppe Mannschaften zur Bewachung dieser immerhin großen Niederlage an Waffen abgeben, sowie auch die Ausbeßerungen übernehmen.

Nach Allem ist der Dienst des Wirtschafts-Hauptmannes ein sehr umfaßender, und könnte bei einer Mobilmachung der eine Mann kaum für ein Bataillon alle Geschäfte besorgen, die im Frieden ihm für die Miliz-Brigade obliegen.

An Büchern hat er zu dem Zwecke zu führen: Verzeichniß aller Einnahmen und Ausgaben, Laufende Abrechnung mit den Kompagnien, Verzeichniß aller Ausrüstungs-Gegenstände, Nachweis der verabfolgten Waffen, Allgemeine Übersicht sämmtlicher Waffen, Verzeichniß der Ausbeßerungen, Munitions-Verrechnung.

Wie weit er in das Aushebungs-Geschäft hinein gezogen ist, haben wir im Früheren schon gesehen. Darmit hängt dann auch zusammen, daß durch ihn alle Mittheilungen einer Kompagnie an die andere, über Wohnungs-Wechsel und Verziehen der Mannschaften, als durch eine Zwischenstelle gehen müßen.

Dieser Verlauf gestaltet sich folgender Weise.

Sobald ein Pflichtiger der mobilen Bürger-Wehr, ob er zum besoldeten Stamme gehöre oder nicht, aus seinem Orte verziehet, läßt der Schulze durch die Land-Gensdarmerie dem Hauptmanne der Kompagnie den Wohnungs-Wechsel melden. Ist der Pflichtige nun in ein anderes nicht zum Kompagnie-Bezirke gehöriges Amt verzogen, so erhält der Wirtschafts-Hauptmann, bei Gelegenheit des Monats-Rapportes der Kompagnie, die betreffende Mittheilung, und benachrichtigt nun seiner Seits die andere Kompagnie von dem Zugange. Findet der Wohnungs-Wechsel zwischen den Departements Statt, so muß selbverständlich die Brigade vermitteln.

Allerdings hat nun auch der Schulze des Ortes, wo ein Pflichtiger anzieht, den Hauptmann des Bezirkes dieß wißen zu laßen; man siehet aber, daß ein eigentliches An- und Abmelden der Mannschaften bei ihren Vorgesetzten nicht Statt hat. Solche Leute werden übrigens nicht aus dem Grundbuche (les controles) der Kompagnie gestrichen, sondern nur als verzogen bemerkt; denn, ob sie auch zu den Versammelungen und Übungen im Bezirke ihres neuen Wohnsitzes heran gezogen werden, müßen sie bei einem Aufgebote sich doch bei derjenigen Kompagnie melden, wo sie eingestellt waren.

Sie behalten daher auch die gelieferten Ausrüstungs-Stücke, werden aber vorkommenden Falles, b. h. bei mehrtägigen Übungen, von der neuen Kompagnie gelöhnt und verpflegt.

Bei dem Ausscheiden eines solchen Umzügers, ob nach Ablaufe der Dienstzeit, wegen Todes oder wegen anderer Gründe, müßen dessen Abrechnungs-Buch und alle nicht verdienten Ausrüstungs-Stücke, durch Vermittelung des Wirtschafts-Hauptmannes, bez. der Brigaden, zurück gesandt werden. Auch hat in solchen Fällen der Wirtschafts-Hauptmann das Nöthige wegen Ertheilung des Ab-schiedes und Streichens im Grundbuche zu veranlaßen, und der alten Kompagnie mitzutheilen, ob der Mann den Vermerk guter Führung erhalten solle oder nicht.

Diese Obliegenheiten berühren sich also wieder mit den, dem Kommandeure eines Aushebungs-Depots, in Betreffe der Krümper, zufallenden. (H. S. 141).

Die Bezirks-Hauptleute haben für die Verwaltung ihrer Kompagnie oder Batterie drei Bücher anzulegen.

Verzeichniß aller Ausrüstungs-Gegenstände und Waffen, Grund-buch, Verzeichniß der Strafen. Außerdem sind die Abrechnungs-Bücher der Leute zu führen. Sold und empfangene Verpflegung sind allerdings nur selten einzutragen; doch muß die Nummer jedes dem Manne gelieferten Ausrüstungs-Stückes genau mit der im großen Verzeichnisse der Kompagnie stimmen. Gut wird es sein, wenn die Kompagnie eine besondere Liste aller ihrer wiedergeworbenen Mannschaft führt, wegen der bekannten Verschiedenheit in den Löh-nungs-Sätzen (siehe später an betreffender Stelle).

Gar nichts mit der Verwaltung hat also das Bataillon zu thun, was nach dem ganzen Plane der Miliz-Eintheilung auch nicht angienge. Gut ist es daher, daß für die Friedens-Verhältnisse beim Bataillone keine unnöthige und verlangsamende Durchgangs-Stelle geschaffen ist.

Vom Augenblicke der Veröffentlichung eines Gesetzes über Auf-gebot der mobilen Bürger-Wehr finden alsdann alle Verwaltungs-Vorschriften des stehenden Heeres Anwendung auf dieselbe.

Im Falle der Mobilmachung wird am Hauptorte des Depar tements ein Oberer Verwaltungs-Rath gebildet, dessen Wirksamkeit sich auf alle Bataillone und Artillerie-Festungs-Kompagnien erstreckt, die im Departement ihren Ergänzungs-Bezirk haben — mögen die-selben sich augenblicklich nun, an welchem Orte es sei, befinden. Mit dieser Bestimmung ist dann wieder der Miliz so recht der landschaftliche Stempel aufgedrückt. —

2*

Von da ab liegen dem Wirtschafts=Hauptmanne die Ver=
richtungen ob, die durch die Königliche Verordnung vom 10. Mai
1844, und die Vorschrift vom 5. April 1867, über Verwaltung
und Verrechnung der Truppen im Felde, bestimmt sind.

Ausbildung.

Die Ausbildung der mobilen Bürger=Wehr soll grundsätzlich
in erster Reihe den Zweck verfolgen, die einzelnen Mannschaften
zum Gebrauche ihrer Waffen geschickt zu machen.

Unter diesem Gesichts=Punkte haben die nach Art und Zeit auf
ein Geringes beschränkten Übungen sich auf folgende Zweige der
Unterweisung mit mehr oder weniger Nachdrucke zu beziehen.

Es wird gefordert bei der Infanterie:
Hantierung der Waffen; Soldaten=Schule, d. i. Abrichtung
des Einzelnen in Wendungen, Marsch u. s. w.; Zugs=Schule
(école de peloton) als gleich bedeutend nach französischem Reglement
mit Ausbildung in der Kompagnie; Grundsätze des Schießens,
endlich, so weit dieß überhaupt möglich, Übungen im Schießen selbst.

Korporäle und Unteroffiziere müßen außerdem mit allen Vor=
schriften des Dienst=Reglements über ihre besonderen Pflichten, zu=
mahl über das auf Mannszucht Bezügliche vertraut sein. Von den
Lieutenanten und Unterlieutenanten wird, als Maßstab sachlicher
Befähigung, mindestens noch volle Kenntniß der Bataillons=Schule
gefordert.

Bei der Artillerie:
Von den Leuten wird die Bedienung der Geschütze verlangt,
und zwar sowol der Stücke in festen Plätzen, als derjenigen der
Feld=Batterien.

Sämmtliche Grade, Offiziere, Unteroffiziere und Korporäle
sollen alsdann, abgesehen von den auch bei der Infanterie gültigen
Bestimmungen in Betreffe der Kenntniß des inneren Dienstes, mit
den Evolutionen einer Batterie bekannt sein.

Alle Statt findenden Übungen werden nun von dem Brigade=
Generale der Unterdivision angeordnet, und sollen hierbei mit Vor=
zuge die Sonntage gewählt werden, um so wenig als es sich irgend
thuen läßt, die Arbeiten des Ackerbaues und gewerblicher Betrieb=
samkeit zu stören.

Zu den meisten Übungen wird immer nur ein Bruchtheil einer Kompagnie — 40 bis 50 Mann — zusammen gezogen; wie solches durch die Verhältnisse geboten ist, haben wir in Früherem ja schon gesehen. Diese jungen Leute werden durch schriftliche Befehle des Bezirks-Hauptmannes einberufen, die von der Land-Gensdarmerie des Amtes den Orts-Schulzen zu übermitteln sind.

Die Unterweisung geschiehet durch den Abrichtungs-Sergeanten, durch den Feldwebel, und falls es nöthig wird auch noch durch andere Unteroffiziere der Kompagnie, die, ohne zum besoldeten Stamme zu gehören, doch eben so gut als jeder Gemeine mit heran gezogen werden können. Der Hauptmann, der den ganzen Aus-bildungs-Betrieb zu leiten hat, und in so ferne unabhängiger wirkt denn dieß innerhalb eines Bataillones des stehenden Heeres der Fall ist, trägt selbverständlich auch größere Verantwortung.

Wenn eine Kompagnie sich aus zweien Ämtern ergänzt, so beginnt die Unterweisung mit der ersten Sektion am zuständigen Orte des ersten Amtes, worauf dann später die Instruktore in das andere Amt übersiedeln. Gleiches gilt für Fälle, wo eine Kompagnie in einem Amte zwei Vereinigungs-Punkte hat. Sind die Waffen alsdann nicht auch an zweien Punkten getrennt aufbewahrt, so müßen die Instruktore dieselben von einem Orte zum anderen mit-nehmen. Bekanntlich sind überhaupt nur so viel als gerade für die Einübung unerläßlich an die Kompagnie verausgabt.

Da nach allen eintägigen Übungen die Leute Abends an ihren häuslichen Herd entlaßen werden, wohin sie die Waffen doch nicht mit nehmen, so muß alsdann jedes Mal der Spielmann der Kompagnie die gebrauchten Gewehre wieder in Stand setzen.

Diejenigen jungen Leute, die genügende Kenntniß in Hantierung der Waffen und der Soldaten-Schule dar zu legen vermögen, sollen dem Gesetze gemäß von den hierauf bezüglichen Übungen ausge-nommen bleiben. Dasselbe gilt hinsichtlich der Vertrautheit mit dem Schießen.

Solche Ausnahmen werden auf Vorschlag der Bezirks-Haupt-leute vom Bataillons-Chesse bewilligt, doch haben die Befreiten den Vereinigungen in der Kompagnie oder im Bataillone anzu-wohnen.

Nachdem zum ersten Male, die Reihe hindurch, alle Bruchtheile der Kompagnien einberufen waren, stellt der Bataillons-Chef die namentlichen Listen der Befreiten numerisch zusammen, und meldet dem Brigade-Generale. Von diesem ergehet die betreffende Meldung

durch die territoriale Division bis an den Kriegs-Minister. Damit
dieser jeder Zeit im Stande sei, die Schlagfertigkeit der mobilen
Bürger-Wehr zu beurtheilen, müßen die Aufstellungen alle drei
Monate erneuert werden.

Die Bataillons-Cheffe sind so oft als möglich bei den Zusammenziehungen der Kompagnien gegenwärtig, und versichern sich
bei dieser Gelegenheit der behaupteten Fertigkeiten der Befreiten.
Jeder Zeit hat der Kommandeur das Recht, die gewährte Vergünstigung rückgängig zu machen.

Besonders sind die Bataillons-Cheffe verpflichtet, die Ausbildung
der Offiziere, Unteroffiziere und Korporäle zu überwachen, und sie
auch in den Theilen ihrer Verrichtungen zu prüfen, für deren Ausübung der Friedens-Dienst eines Miliz-Rahmens keine, oder nur
spärliche Gelegenheit bietet.

Die Sorge, die hierin einem Bataillons-Cheffe zur Pflicht
gemacht wird, liegt dann bei der Artillerie gleicher Weise dem höheren
Offiziere ob, der, im Verhältnisse eines Abtheilungs-Kommandeures,
alle Batterien eines Departements seiner Leitung unterwirft.

In Betreffe des für nöthig erachteten Verbrauches an Munition
bei den Übungen und zum Scheiben-Schießen, stehet die Entscheidung
dem Bataillous- bez. Abtheilungs-Kommandeure alleine zu, und
bietet also der Munitions-Empfang auch einen Fall, wo nicht die
einzelne Kompagnie, sondern das Bataillon, bez. die Abtheilung als
Verwaltungs-Stelle mit dem Wirtschafts-Hauptmanne am Brigade-
Sitze verkehrt.

Handhabung der Mannszucht, und Beziehungen zwischen Miliz und stehendem Heere.

Da die Kriegs-Artikel des Heeres nur beim Aufgebote der
mobilen Bürger-Wehr in Kraft treten, so sollen also, während der
Dauer der Übungen und Vereinigungen, die einschlagenden Bestimmungen des Gesetzes vom 13. Juni 1851, über Handhabang
der Mannszucht bei der alten säßigen Bürger-Wehr (sédentaire),
auch für die mobile *) fürder Gültigkeit haben. —

---

*) Im Deutschen wäre der sprachlich richtige Gegensatz zwischen sédentaire
und mobile, in diesem Falle, vielleicht einfach durch säßig und zügig wieder
zu geben.

Dieses Gesetz enthält nun auch in einzelnen Theilen Bestimmungen, die füglich auf die neu geschaffene Miliz sich nicht anwenden lassen, deshalb ist vom Kriegs-Ministerium ein übersichtlicher, bez. ergänzender Auszug ausgearbeitet, der sich im amtlichen Verordnungs-Blatte, dem Journal militaire officiel, als Anhang des darin veröffentlichten neuen Heeres-Ergänzungs-Planes (Gesetz vom 1. Februar 1868) abgedruckt findet.

Dieser Auszug ist somit gewisser Maßen der Friedens-Artikuls-Brief der französischen Miliz. —

Der zuständige Gerichts-Hof für alle Verbrechen und Vergehen, deren sich Angehörige der mobilen Bürger-Wehr schuldig machen, seien sie gemeinrechtlicher oder militärischer Art, ist nun zwar stets ein bürgerlicher, nemlich das Zuchtpolizei-Gericht (tribunal de police correctionelle); dennoch mußten zunächst Grundsätze aufgestellt werden, von welcher Behörde und in welcher Weise der Beistand dieses Gerichtes angegangen werden sollte. —

Die militärische Behörde hat nun, nach der getroffenen Vereinbarung, mit Verfolgen aller Verbrechen wider gemeines Recht, die einzig vor die Schranken bürgerlicher Gerichtsbarkeit gehören, gar nichts zu thun. Sie erhebt die Anklage nicht. —

Verbrechen und Vergehen dargegen, die sich etwa auf Verkauf, über Seite Schaffen, oder muthwilliges Zerstören der den Wehrmännern anvertraueten Waffen und Ausrüstungs-Stücke, sowie auf Widersetzlichkeit oder auf wiederholtes, gesetzlich unberechtigtes Fehlen im Dienste beziehen, können allein Gegenstand einer, Namens der militärischen Behörde erhobenen Anklage sein.

Alle hierauf bezüglichen Anträge, wegen Einleitung der Untersuchung, oder Verhängung der Strafe, sind nun an den befehligenden General der territorialen Division zu richten, der nach eigner Entscheidung in der Sache — indem er die Anklage ja auch nieder schlagen kann — alleine berechtigt ist, die Dienste der Staats-Anwaltschaft in Anspruch zu nehmen. —

So wol in dem Falle, daß der Divisionär sich veranlaßt gesehen hat, eine Sache nieder zu schlagen, als auch, sobald zwischen ihm und dem Staats-Anwalte Meinungs-Verschiedenheit auffömt, hat er sofort an den Kriegs-Minister zu melden. —

Wenn wir also sehen, daß einer Seits, wo es sich nemlich um Vergehen rein bürgerlicher Art handelt, die vorgesetzte militärische Behörde neben hinaus geschoben ist, und gänzlich außer Acht bleibt, so liegt anderer Seits in der dem Divisionäre eingeräumten Befugniß, in Sachen, die irgend den Dienst betreffen, zu prüfen und beim gerichtlichen Verfolge mit zu sprechen, doch einige Sicherheit für Wahrung des militärischen Gesichts-Punktes. —

Es ist dieß um so nöthiger, als, bei dem eigenthümlichen Verhältnisse der an ihrem häuslichen Herde befindlichen Wehrmänner, ein fest Stellen des Thatbestandes und strenges Erbringen der Beweise oft schwierig, und bürgerlichen Behörden nicht überlaßen bleiben kann.

Das ergangene Urtheil wird vom Staats-Anwalte dem Divisions-Generale berichtet, und gelangt von diesem auf Instanzen-Wege an den Betreffenden. Zuerkannte Freiheits-Strafe wird in bürgerlichem Gefängnisse verbüßt. — Man muß sich hierbei auch erinnern, daß Mannschaften der Miliz, die an ihren häuslichen Herd entlaßen sind, in der Zwischenzeit, d. h. bis eine neue Einberufung in Dienst erfolgt ist, überhaupt zu keinem militärischen Gehorsame verbunden sind. —

Aberkennung des Grades wird, dem Gesetze nach, gegen Offiziere vom Kaiser, gegen Unteroffiziere vom Divisionäre, gegen Korporäle vom Brigade-Generale ausgesprochen, ohne daß es sich, wo einfache und gesetzlich vorgesehene Fälle vor liegen, um Zuziehung eines Gerichtes handelte.

Die Kriegs-Artikel haben übrigens, als Ausnahme, für alle mit einem Grade betraueten Angehörigen des ständig besoldeten Stammes auch im Frieden gleiche Gültigkeit.

Hieran mögen sich Bestimmungen über das Verhältniß bei Vereinigungen der Miliz mit Truppen des stehenden Heeres schließen. Beide sind berufen, bei Vertheidigung der festen Plätze, Küsten und Grenzen des Reiches, sowie zur Sicherung der Ordnung im Innern zusammen zu wirken, so daß es nöthig war, den Rang der Abtheilungen unter einander, und die Rechte in der Befehls-Gliederung fest zu stellen.

Die säßige Bürger-Wehr nimt, aus ehrenden Alters-Rücksichten, den rechten Flügel unter allen Umständen ein, wo sie mit Truppen des stehenden Heeres vereinigt ist; die mobile Bürger-Wehr dargegen, da sie jüngere Bürger begreift, und eine Hülfs-Truppe des Heeres selbst ist, erhält den linken Flügel, doch so, daß die verschiedenen Abtheilungen nach Waffen zusammen stoßen. Bei öffentlichen Aufzügen der Offiziere schließen aber die der Miliz, zusammen mit dem Stabe der festen Plätze, die Reihe Aller.

Die Folge im Befehle angehend, so schien es vorkommendes
Falles zuläßig, den Offizieren der mobilen Bürger=Wehr, die im
Allgemeinen doch, wenigstens in den höheren Stellen, gediente und
erfahrene Männer sind, auch über andere Truppen den oberen Befehl
anzuvertrauen, wo diese unter einem Offiziere minderes Grades
stehen. Bei gleichem Grade entscheidet jedoch nicht verschiedenes
Dienst=Alter, sondern Dem die stehenden Truppen Befehligenden
gebürt der Befehl über das Ganze.

Hinsichtlich der zu erweisenden Ehren=Bezeigungen einzelner
Leute, sowie der Wachen und Posten, gibt es keinerlei Unterschied
zwischen beiden Gattungen der bewaffneten Macht; der niedere im
Range ist zu dienstlichem Gruße verpflichtet.

Dasselbe gilt von der Unterbötigkeit in allen Lagen, und kann
z. B. der Unteroffizier der Miliz jeder Zeit einem Korporale des
stehenden Heeres gegenüber als Vorgesetzter auftreten.

Daß manche Unzukömmlichkeiten aus Verschiedenheit der Rechts=
und Straf=Verhältnisse in der mobilen Bürger=Wehr und dem
stehenden Heere fließen müßen, läßt sich wol nicht läugnen, weshalb
es auch ganz gut ist, daß außer Dienste Mannschaften der ersteren
nicht in Uniform gehen sollen. Wesentlich ist aber, daß derlei ja
nur im Frieden zu erwarten stehet, während im Kriege gleiches
Gesetz für Alle gilt.

Über freiwilligen Eintritt in die mobile Bürger= Wehr, und andere freiwillige Scharen.

Das Gesetz vom 1sten Februar 1868 gestattet in der Miliz
Bürger zuzulaßen, die, vom Dienste in der bewaffneten Macht be=
freit — und zwar sowol im stehenden Heere als in der mobilen
Bürger=Wehr — freiwillig derselben angehören wollen. Besondere Be=
dingnisse der Zulaßung sind jedoch gesetzlich nicht vorgeschrieben.

Es war daher Sache der Regierung, die nöthigen Formen des
freiwilligen Eintrittes zu finden, zumahl wenn derselbe etwa als
Recht gefordert werden sollte. —

Man hat sich ganz richtig gesagt, daß solche Zulaßung, ohne
gewisse Sicherheiten, unter Umständen für den kriegerischen Werth
der mobilen Bürger=Wehr bedenklich werden möchte, und dabei nicht
uneben an die Gefahren erinnert, die für die Heere der ersten

französischen Republik Anfangs in den Bataillonen junger Freiwilliger lagen. —

Diejenigen, die also aus freien Stücken in die mobile Bürger-
Wehr eintreten wollen, haben deshalb, um allen Bedenken zu be-
gegnen, eine Verpflichtung zu unterschreiben, die, nach Form und
gesetzlicher Verbindlichkeit, derjenigen entspricht, die für freiwilligen
Eintritt ins stehende Heer gültig ist. Selbverständlich beziehen sich
die übernommenen Pflichten nur auf Verhältnisse der Miliz. —

Auch ist in dem neuen Wehrgesetze keine besondere Angabe über
diese oder jene Alters-Grenze solcher Freiwilliger enthalten, und war
daher kein Grund von der Frist, die das Gesetz vom 10. Juli 1848
im vollendeten 17ten Lebens-Jahre für das ganze Heer allgemein anerkennt, abzuweichen. —

Außerdem ligt in Gestattung solches zeitigen Eintrittes für gewisse Klassen der Bevölkerung eine Gunst, die geignet ist, die ohnehin schon geringe Last des Waffen-Dienstes ihnen noch leichter zu
machen.

Alle nemlich die später doch, für den etwaigen Dienst im
stehenden Heere, mit einem Stellvertreter aus der mobilen Bürger-
Wehr zu wechseln beabsichtigen, können nun gleich zum Voraus in
dieselbe eintreten, und dienen also darin, da ihnen früherer Eintritt doch angerechnet wird, anstatt vom 20sten bis 25sten, vielmehr
vom 17sten bis 22sten Lebens-Jahre. —

Mancher mag wol allerdings solcher Gestalt freiwillig eintreten,
der drei Jahre später, aus diesem oder jenem Befreiungs-Grunde,
weder fürs stehende Heer noch für die Miliz, heran gezogen wäre,
und ist das ein Vortheil für die Stärke der bewaffneten Macht.
Die Aussicht, im 23sten Jahre schon aller Verpflichtung zum Kriegs-
Dienste lebig zu sein, ist für die Meisten verlockend genug, und sind
die Übungen der mobilen Bürger-Wehr doch nur derartige, daß sie
die Studien- und Lern-Zeit eben nicht stören.

Die andere, höchste Alters-Grenze für freiwilligen Eintritt ist
mit 40 Jahren angenommen, um das Einfließen gedienter Leute
des stehenden Heeres, so weit es irgend gehet, zu steigern. Da nun
Solche bis zum 55sten Lebens-Jahre in der mobilen Bürger-Wehr
verbleiben dürfen, so können sie noch drei volle Kapitulationen
eingehen. —

Die zu erfüllenden Bedingnisse des freiwilligen Eintrittes ligen
hiernach in Folgendem:

1. Das Lebens-Alter ist zwischen 17 Jahren als Mindestem und 40 als Höchstem.

2. Der geforderte geringste Wuchs beträgt für die Infanterie 4′ 11,25″ ddc., für die Artillerie 5′ 1,92″.

3. Wird verlangt ein gutes Führungs-Zeugniß der bürgerlichen Behörde, wie es Artikel 20 des Gesetzes vom 21. Merz 1832 vorschreibt, und, wenn der Freiwillige noch minderjährig ist, eine Ermächtigung der Eltern oder des Vormundes.

4. Dürfen keinerlei Verbindlichkeiten zum Dienste in irgend welcher Klasse der bewaffneten Macht — zu Lande oder zu Wasser — vorligen. Gebiente Leute haben daher Urlaubs-Pässe und sonstige Papiere ein zu reichen. —

Die schriftliche Verpflichtung wird am Hauptorte des Amtes vor dem Bürgemeister eingegangen und unterzeichnet. Entsprechend den Verhältnissen im stehenden Heere muß dieselbe mindestens auf zwei Jahre geschehen, kann aber auch höchstens nur auf fünf Jahre abgeschlossen werden. Im Kriegs-Falle sind jedoch einjährige Verpflichtungen zuläßig.

Wiederanwerbungen, die eben so als im stehenden Heere zu höherem Solde berechtigen, so lange nemlich · die Betreffenden zu wirklichem Dienste eingezogen und überhaupt gelöhnt sind, werden in gleicher Weise als die einfache Verpflichtung eingegangen. Zu bemerken ist jedoch, daß ein Wehrmann, der sich nicht im letzten Jahre seiner Dienstzeit gleich wiederwerben läßt, sondern erst eine Weile unverpflichtet geblieben ist, jenes Vorrechtes nicht genießt, vielmehr nur als gewöhnlicher Freiwilliger von Neuem in Zugang kommen kann. (Man vergleiche, was im Heerwesen S. 133 über die engagés après libération gesagt ist.) —

Aus diesem Grunde wird ja der freiwillige Eintritt gedienter Leute des stehenden Heeres (s. oben) in die mobile Bürger-Wehr nicht als Wiederanwerbung betrachtet, da bei solchen eine vierjährige Reserve-Zeit dazwischen ligt. Etwas anderes wäre selbstverständlich falls ein Wiedergeworbener des stehenden Heeres, nach Ablaufe der Verpflichtung, als solcher zur Miliz übertreäte.

Wiederanwerbungen dürfen gleichfalls vor dem Orts-Vorstande abgeschloßen werden, doch hat derselbe hiervon, außer dem Bezirks-Hauptmanne, der Controlle halber auch dem Unter-Intendanten der zuständigen Brigade Kenntniß zu geben. —

Jeder Freiwillige, bez. Wiedergeworbene, der mindestens ein Jahr im stehenden Heere und fünf Jahre in der mobilen Bürger-

Wehr gedient hat, ist nicht nur von den Übungen, sondern überhaupt von allen Vereinigungen in Friedens-Zeit zu entbinden; es
sei dann, daß er sich durch seinen Grad in einer Stellung befinde,
die seine Anwesenheit unumgänglich macht.

Es ist möglich, daß diese Vergünstigung eine Menge besticht,
sich in den Listen der Miliz — vielleicht als Soldaten 1ster Klasse,
b. i. Gefreite, oder als Korporäle — noch längere Zeit weiter führen
zu laßen, und dadurch, ohne irgend welche Mühe, im bürgerlichen
Leben sich eine gewisse Geltung zu sichern, da auch die Verwaltung
auf solche Leute wol rücksichtigen soll.

Der mobilen Bürger-Wehr verschafft dieß aber, ohne Kosten für
den Staat, einen Rückhalt gedienter Mannschaft und Überfluß an
Graben für eine Mobilmachung, da alsbann, die Anzahl der Rahmen
wol verdoppelt werden dürfte. —

Zum Schluße muß verschiedener Freiwilligen-Scharen hier gedacht werden, deren Bildung in jüngste Zeit fällt, und als Ausfluß
vaterländischer Gesinnung zu betrachten ist.

In den Jahren 1866 und 1867, Angesichts der Möglichkeit
ernster Verwickelungen mit Deutschland, ward zumahl in den östlichen
Bezirken Frankreichs die Sorge um Schutz der Grenzen und des
heimischen Herdes in weiteren Kreißen der Bevölkerung wach, und
vielfach traten Schützen-Vereine, Feuerwehren, Turner-Bünde u. s. w.
zu Freischützen-Kompagnien (franc-tireurs), oder, in festen Plätzen,
zu freiwilligen Artillerie-Kompagnien zusammen. Eigenthümlich
genug waren es gerade die deutschen Striche des Reiches: Elsaß,
Lothringen und Flandern, wo der kriegerische Geist am Meisten
zum Durchbruche kam.

Die Regierung ließ damals die Dinge geschehen; die Kriegs-
Rüstung Frankreichs war für den Augenblick so unterlegen, daß
man keine Unterstützung von der Hand weisen mochte. Nach
Schaffung einer Miliz aber, wie sie die mobile Bürger-Wehr dar-
stellt, sah man die Sache mit anderen Augen an. Hatte man
einst aus politischen Gründen die alte, säßige Bürger-Wehr in ihrer
möglichen Ausdehnung und Bedeutung beschränkt (H. S. 146), so
wollte man auch jetzo keine bewaffneten Verbände im Lande bestehen
laßen, die sich der Regierungs-Gewalt entzogen.

Die Freiwilligen-Kompagnien begreifen Leute, die gesetzlich,
je nach Verschiedenheit ihres Alters, entweder zu der mobilen oder

zu der säßigen Bürger-Wehr verpflichtet sind. Über die erstere
Klasse Leute hat also die Regierung ohnehin schon das Verfügungs-
Recht gewonnen, während es, auch anderer Seits, allerdings keinen
wesentlichen Unterschied macht, ob die älteren Leute ihre Kriegs-
Dienste als Angehörige der säßigen Bürger-Wehr oder einer Frei-
schar anbieten.

Die Regierung legt heute daher nur noch soweit Werth auf
diese Verbände, als die Betreffenden sich ausdrücklich verpflichten,
mindestens ein Jahr lang dieselben Verbindlichkeiten übernehmen zu
wollen, die mit dem freiwilligen Eintritte in die mobile Bürger-
Wehr verknüpft sind.

Dem gemäß haben sich dann Freischützen- und freiwillige
Artillerie-Kompagnien, wenn sie anders fort bestehen wollen, zu
Folge kaiserlicher Verordnung vom 28. Merz 1868, derselben Orga-
nisation zu unterwerfen, die für die Miliz gilt.

Der Kaiser ernennt die Offiziere, die militärische Behörde die
niederen Grade, welches die nemlichen als bei der mobilen Bürger-
Wehr sind; die Kompagnien gehören zur bewaffneten Macht des
Brigade-Bezirkes; der Kriegs-Minister prüft und genehmigt die
selbst gewählte, aus eigenen Mitteln bestrittene Tracht und Ausrüstung; es bestehet ein besoldeter Stamm mit bekannten Obligenheiten; die Bestimmungen über Mannszucht haben Gültigkeit; u. s. w.

Dargegen bleibt diesen Kompagnien die Wahl und Anordnung
ihrer Übungen überlaßen; sie können auf den Schützen-Plätzen, so
oft sie wollen, nach der Scheibe schießen, bez. das Geschütz bedienen,
sind aber zu Weiterem nicht verbunden.

Bei einem Aufgebote treten sie in Sold und Verpflegung des
Staates. Sie stehen auf dem rechten Flügel der Miliz, und rangieren
nach der Folge ihrer Ämter. Im Felde unterwerfen sie sich den
Kriegs-Artikeln.

Dieß ist der Inhalt der Verpflichtung, von deren Eingehen
der Bestand der Freischaren im Frieden abhängig ist. Man kann
zu allgemeiner Kennzeichnung des ganzen Verhältnisses sagen, daß
ein Theil der alten, säßigen Bürger-Wehr freiwillig sich in die
Verbindlichkeiten der mobilen fügt. Der Staat kann dabei nur
gewinnen; ob aber die Sache von Dauer sei, darf bezweifelt werden.
Der förmliche Abschluß einjähriger Verpflichtungen, die Aussicht
vorkommendes Falles nach den strengen Kriegs-Artikeln abgeurtheilt
zu werden, hat vielfach abgeschreckt, und eine größere Anzahl der
Freiwilligen-Kompagnien zog die Auflösung vor. Die Danziger

Freiſchützen waren die erſten, die den Bedingungen der Regierung ſich unterwarfen; dann folgten die Dietenhofer und Frouarder. In Flandern und im Elſaße war der Widerſpruch am Lebhafteſten. Ein Zugeſtändniß der Regierung dürfte jedoch dahin führen, daß nach wie vor ſolche Kompagnien beſtehen bleiben, und ſich vielleicht ſelbſt neue bilden. Junge, zum Dienſte in der mobilen Bürger-Wehr pflichtige Leute, können nemlich anſtatt deſſen auch eine fünfjährige Verpflichtung zu einer Freiſchar eingehen. Immer-hin iſt bei einer ſolchen der Zwang ein geringerer, wegen freier Wahl der Waffen-Übungen nach Zeit und Ort, und ſucht vielleicht mancher Wohlhabende dieſe kleine Erleichterung, indem er ſich die Ausrüſtung auf ſeine Koſten beſchafft. Für das geſammte Leiſtungs-Vermögen des Landes kömt aber ein ſolcher Zuwachs pflichtiger junger Leute nicht in Rechnung, da dieſelben an anderer Stelle fehlen. Nur der Eintritt älterer, oder überhaupt geſetzlich unver-pflichteter Männer — alſo z. B. häuslich Unabkömlicher u. ſ. w. — iſt von numeriſcher Bedeutung.

Rückblicke.

Es erübrigt hier noch ein kurzer Vergleich der Beſonderheit des Erſatzes der mobilen Bürger-Wehr und des ſtehenden Heeres; dann aber ſollen zwei Überſichts-Tafeln als Beiſpiel dienen, einmal der Stärke des Aufgebotes aus einem ganzen Korps-Bezirke, dann aber der genauen Eintheilung in einem einzelnen Departement.

Blicken wir hier zunächſt auf den Erſatz der Führer und Mannſchaften der Miliz, ſo tritt uns, von anderen Unterſchieden, z. B. des Alters und der Durchbildung ganz abgeſehen, noch einer entgegen, worin ſie am Schärfſten von den Verhältniſſen des ſtehen-den Heeres abweicht. Das iſt das landsmänniſche Band, welches Alle, Gemeine und Grade umſchlungen hält.

Wir wißen, daß die Ergänzung der franzöſiſchen ſtehenden Truppen ſich weſentlich durch den Mangel beſonderer Aushebungs-Gebiete von der bei uns gültigen Weiſe unterſcheidet. Das Nach-theilige jenes Verfahrens (H. S. 138) ſpringt für jeden nicht daran Gewöhnten auch ſofort in die Augen, und bedarf es nur eines Vergleiches der muſterhaften preußiſchen Mobilmachung mit der franzöſiſchen um Werth und Unwerth beider Weiſen zu erkennen.

Daß ein Truppen-Theil ſeinen Erſatz dorther kriegt, wo er

augenblicklich stehet, muß ja bei dem regelmäßigen Garnisons-
Wechsel viele Unzukömlichkeiten im Gefolge haben, zumahl gerade
die älteren, nicht bei der Fahne befindlichen Leute in größerer Entfernung von dem jeweiligen Standorte zu Hause sind. Die Ersatz-
Truppe, wo die Rekruten eingestellt werden, und die Vorraths-
Kammern bleiben, garnisoniert noch dazu vielfach getrennt. Nun
denken wir uns, daß sich das Feld-Regiment gerade im Lager von
Chalons befinde, und seine großbeurlaubte Mannschaft theils in
Burgund, theils in der Provence habe, das Ersatz-Bataillon aber
in der Normandie stehe; so müßen jene Leute aus der Provence
nach der Normandie, sich dort ausrüsten laßen, und dann den halben
Weg wieder zum Regimente zurück befördert werden. Das ist bei
früheren Mobilmachungen vorgekommen, und kann sich leicht für
einzelne Truppen-Theile von Neuem so treffen.

Aber nicht in dem Mislichen solcher Störungen allein ligt der
Nachtheil des Mangels eigenthümlicher Ergänzungs-Bezirke aller
Truppen; ohne hin wären jene Unbequemlichkeiten, wenigstens theilweise, noch zu mindern. Nicht sowohl in den Reibungen, die man
mit in Kauf nehmen muß, denn vielmehr in Dem, was man aufgibt und opfert, ist der Nachtheil ausgesprochen.

Fast zu allen Zeiten und bei den verschiedensten Völkern ward
der sittliche Werth einer Wehrverfassung erkannt, die es verstanden,
Verhältnisse des heimischen Lebens auch in den Heeres-Verband mit
hinüber zu nehmen. Das früheste Alterthum schon scharte seine
Banner nach Geschlechtern und Gauen. Wenn aber Heimaths-Liebe
keine bloße Dichtung ist — und wir sehen, daß sie oft das Größeste
vollbrachte — dann ist man auch berechtigt, eine Bethätigung ihrer
Kraft auf dem Boden des Wehrthumes zu erhoffen.

Was vermöchte wol das Leben eines Volkes inniger mit seinem
Heere zu verflechten, als wann viele Geschlechts-Alter hindurch in
einerlei Schar die Kraft und Blüthe einer Landschaft vereinigt war,
wo der Enkel die Ehren derselben Fahne theilte, die seine Väter
mit ihrer Tugend empor getragen hatten, und wo Haushalt, Ge-
meinde und Kameradschaft in einerlei Bündniß verschmolz *).

Getrofter darf man da auch den Tagen der Prüfung entgegen
sehen, wann Misgeschick und Entbehrungen aller Art am Marke
einer Truppe zehren.

---

*) Sieh F. Pfister. Über die Wichtigkeit der stehenden Heere, als Ein-
gangs-Schrift zur Darstellung heſſiſcher Kriegs-Geschichte. Kaſſel 1839.

Warum soll also eine Heeres-Verfassung ohne Roth sich solch wichtiger Faktore begeben! In weiteren Kreißen hat man den Nußen eigener Regiments-Geschichten anerkannt, um durch ihre Kenntniß das Bewußtsein auch des gemeinen Mannes zu heben. Aber können solche wol ihre volle Bedeutung bewahren, wenn das Aushebungs-Gebiet der Truppe unaufhörlichem Wechsel unterworfen ist? Wie dünne wird doch da der einende Faden zwischen Gegenwart und Vergangenheit!

Das Regiment, das heute Korsen und Basken und morgen vielleicht Normannen und Wallonen unter seinen Fahnen zählt, ist mit Nichten ein und dasselbe geblieben. Es sind vielmehr zwei Regimenter, von denen das jüngere ohne inneren Grund, Namen und Rang des älteren weiter führt. Eine Truppe, die ihren Aus-hebungs-Bezirk wechselt, lebt eben so wenig als ein und dieselbe fort, als sich durch Annahme an Kindes-Statt das Aussterben eines alten Geschlechtes vermeiden läßt.

Doch nicht genügt es, sobald man überhaupt einmal den Werth dieses heimisch verwachsenen Wehrthumes anerkennt, ihm nur für die Mannschaft Folge zu geben; recht eigentlich tritt die Bedeutung erst für die Führer zu Tage, die ja eben die Träger großer Er-innerungen sein sollen. Und selbst die nächsten Rückssichten machen vielfach wünschenswerth, daß Führer und Mannschaften auch in engerem Verstande Landsleute seien. Stellt man sich nur auf den Boden gemein-menschlicher Empfindungen, so wird für den Lands-mann der Vorgesetzte ein wärmeres Herz, der Untergebene zu einem solchen, vielleicht unbewußt, größere Hingebung haben. Schon die gleiche Mundart bildet ein Glied des unsichtbaren Bandes.

Solchen Erwägungen trägt nun, durch den Zwang der Um-stände geboten, die französische Miliz-Verfassung in ihren Grund-zügen, wie wir gesehen haben, Rechnung. Möglich daher, daß mit der Zeit ein Einfluß auf die geradezu gegensätzlichen Verhältnisse des Ersatzes der stehenden Truppen nicht ausbleibt, und daß all-mählich auch für diese sich besondere Aushebungs-Gebiete, wie ja längst in Preußen, Oesterreich u. s. w. der Fall ist, heraus bilden.

Daß sich die vortheilhafte Seite des Verhältnisses auch in Frankreich längst schon aufdrängte, beweisen unter Anderem wieder die darüber in manchen Werken gepflogenen Erörterungen. So vertheidigt der Herzog von Aumale das französische Verfahren mit dem Einwande, daß große Verluste einer einzelnen Truppe niemals so von bestimmten Ämtern und Kreißen empfunden würden, sondern

fid auf bas ganze Land vertheilten. Nun ja, bas ift eben ein zu-
fälliger, günftiger Nebenumftanb ber Mifchung, ber fich wol zum
Befchönigen ber überwigenben Nachtheile eignet; ber urfprüngliche
Grunb war es aber ficherlich nicht; vielmehr führt fich bas Verfah-
ren auf alte Verhältniffe ber Werbung zurück, während in jüngerer
Zeit politifche Erwägungen wahrfcheinlich nicht ausgefchloßen blieben.

Daß man aber felbft auf jenen, die Mifchung befchönigenben
Einwanb, wenigftens bei theilweifen Mobilmachungen, in Etwas
Bebacht nehmen könne, haben wir ja eben unter ben Grunbzügen
ber Organifation (Seite 5 biefes Heftes) gefehen.

Anm. Bezüglich ber für bie Tracht ber mobilen Bürger-Wehr gewählten
Farben fieh bas erfte Ergänzungs-Heft.

Die französische Marine.

Erſatz.

Schon bei verſchiedenen Gelegenheiten machte ſich nöthig auf die franzöſiſche Marine zu ſprechen zu kommen. Es war dieß zu=mahl der Fall, wo es ſich um Schilderung der wehrtümlichen Verfaßung Frankreichs überhaupt handelte (H. S. 129 unb 136), ſowie bei Beläuchtung des neuen Heeres=Ergänzungs=Planes (1. E. H. S. 55 unb 59 – 61), alsbann aber auch mehrfach bei Erörterung vieler Beziehungen zwiſchen dem ſtehenden Lanb=Heere, der Flotte unb den Truppen in den auswärtigen Niederlaßungen. Alles hier zuſammen zu faßen, unb weiter auszuführen iſt der Zweck dieſes Abſchnittes.

Zunächſt den Erſatz angehend, ſo müßen, als zwei weſentlich verſchiedene Gattungen, einmal die Matroſen der Kauffartei, dann die beſonders für die Marine Ausgehobenen betrachtet werden.

Wir wißen daß geſetzlich der Matroſen=Dienſt auf Kauffahrern dem Dienſte im ſtehenden Lanb=Heere, bez. in der mobilen Bürger=Wehr gleich erachtet wird, ſobaß dieſe Mannſchaften in die Klaſſe der Nachlaßungen (dispenses) zählen, unb von der Jahres=Ein=ſtellung in Abrechnung gebracht werden muſten.

Dieſe Leute bilden nun das Aushebungs=Gebiet der Kriegs=Marine, unb können, je nach Maßgabe ihrer Alters=Klaſſe, zum Dienſte als Bemannung der Schiffe heran gezogen werden. Es frägt ſich in welcher Stärke dieſelben vorhanden ſind.

Zur Zeit als die Jahres=Verwilligung, dem Namen nach, noch 100,000 Mann betrug, befanden ſich unter den ſtatthaften Nach=laßungen auch 2800 eingeſchriebene Matroſen der Kauffarlei (H. S. 129). Jener Ziffer von 100,000 entſpricht heute die von

228,000 — nicht als ob diese Anzahl wirklich dem stehenden Land-Heere oder der Miliz jährlich zuwüchse; wir wißen ja vielmehr, daß der Verzichte und verschiedensten Nachlaßungen gar viele sind. Halten wir aber an obigem Verhältniße fest, so dürften unter 228,000 Mann in runder Summe sich 6400 Matrosen befinden.

Wenn wir uns erinnern, daß unter Nachlaßung nur die bedingungsweise Befreiung auf Grund und daher strenge genommen auch nur auf Dauer eines bestimmten, dem Heeres-Dienste gleich erachteten Verhältnisses verstanden wird, so kann also, seit Vereinbarung des neuen Heeres-Ergänzungs-Planes die Regierung über neun Jahrgänge Matrosen (nemlich 5 + 4, mit Rücksicht auf die Reserve-Pflicht) jeder Zeit verfügen. Es wären dieß 57,600 Mann. Ein Überschlag des Procent-Verlustes dürfte, wegen der statistisch schwer zu bestimmenden Anzahl Schiffbrüche, Seuchen in heißen Ländern, Abwesenheit im gegebenen Augenblicke, u. s. w., nur ungenau ausfallen; man wird aber wol thun nicht auf mehr denn 45,000 Mann zu rechnen.

Die Verpflichtung höherer Alters-Klassen kann nur durch besonderes Gesetz ausgesprochen werden; ebenso entziehet sich das Ergebniß inländischer oder auswärtiger Werbung einer Schätzung zum Voraus. Wenn daher mancher Seits behauptet wird, der französischen Regierung stünden für Bemannung der Kriegs-Schiffe 170,000 Mann zu Gebote, so ist das in dieser Allgemeinheit eine Ziffer ohne weiteren Werth.

Von allen, bei einer Rüstung in Betracht kommenden Leuten führt eine besondere Behörde die inscription maritime, die ein Zweig einer der Directionen des Marine-Ministeriums ist, nach Jahrgängen geordnete Listen. Es sind also:

1) für Nachlaßung pflichtige Matrosen. Vor dem neuen Wehr-Gesetze hatten sie nur 6—7jährige-Verbindlichkeit zu erfüllen, und konnten einen Stellvertreter stellen. Ob letzteres neuerdings noch zuläßig ist, darf bezweifelt werden. Der Ausbildungs-Dienst auf Kriegs-Schiffen beträgt, ähnlich als beim Land-Heere der Dienst unter der Fahne, 3—4 Jahre, und zwar meistens mit Unterbrechungen.

2) Freiwillige bez. Geworbene. Erstere entweder mit voller 9jähriger, oder mindestens 4jähriger Verpflichtung.

3) Wiedergeworbene auf 3 Jahre und darüber.

Wir kommen zur anderen Gattung des Ersatzes. Jährlich ausgehoben für Zwecke der Marine werden gegenwärtig 8000 Mann es sind bekanntlich die niedrigsten aller geloßten Nummern. Hierin ist der Ersatz der eigentlichen See-Truppen mit 5800, derjenige des Maschinisten= und Werft=Korps mit 2200 Mann in begriffen. Wenn wir hier einmal ähnliche Procent=Verluste, als dieß bei den Land=Truppen, im stehenden Heere und in der Reserve, geschehen ist, gelten laßen wollen, so liefern neun Jahrgänge obiges Ersatzes ein Gesammt von 44,000, bez. 16,800 Mann.

Ohne nun die mögliche Verpflichtung höherer Alters=Klassen der Matrosen durch besonderes Gesetz, oder das unsichere Ergebniß der Werbung und des freiwilligen Eintrittes mit in Anschlag zu bringen, möchte die nöthige Ausrüstung der französischen Kriegs= Flotte: Bemannung und Besatzung, in runder Summe mit 110,000 Mann (nemlich 45,000 + 44,000 + 16,800 Mann) auch im ungünstigsten Falle noch vorgesehen sein. —

Der Ersatz der Offiziere findet selbverständlich gleicher Weise auf zwei verschiedene Arten Statt. —

Die Offiziere der Flotte gehen aus den See-Kabetten hervor, die in der kaiserlichen See-Schule zu Brest ihre erste fachmäßige Bildung empfangen haben. Hierauf soll im Folgenden noch zurück= gekommen werden, da auch der Einrichtung einiger anderer Bildungs= Anstalten zu gedenken ist.

Hinsichtlich des Ersatzes der Offiziere bei den Marine=Truppen kann allgemein auf die bekannten Verhältnisse des Land=Heeres verwiesen werden. Die Offiziere der Infanterie gehen aus der Schule von Saint Cyr hervor; die der Artillerie und des Genies sind Zöglinge der polytechnischen Schule. Diese besuchen alsdann die allgemeine Artillerie= und Ingenieur-Schule zu Metz, und müßen nur später noch einen kürzeren Fortbildungs=Gang in der Marine- Artillerie-, bez. Marine-Ingenieur-Schule durchmachen (sieh darüber im Folgenden).

Die Schiffe.

Da es dem Umfange eines Buches, das sich die Schilderung des französischen Heerwesens vorgesetzt hat, nicht besonders obliegt, sich über die verschiedenen Konstruktions=Grundsätze des heutigen Schiffbaues zu verbreiten, so glaubte Verfaßer um so eher darüber hinweg gehen zu dürfen, als einmal das zu betretende Feld für jeden nicht fachmännisch vorgebildeten doch nicht zu erschöpfen wäre, dann sich aber auch kaum wesentliche Unterschiede zwischen den Flotten der einzelnen Staaten ergeben möchten. — In Dicke der Panzer, Durchschlags-Kraft der Geschoße gipfeln ja ohnehin heute die meisten einschlagenden Fragen, das nautische Element ist dem artilleristischen gegenüber in Hintergrund gedrängt, die Manöverier-Fähigkeit muß immer mehr abnehmen, und in dem Augenblicke, wo obiger Wettstreit entschieden wäre, und man zu einer Panzerung die kein Geschoß mehr durchschlägt gelangte, hätte sich der große Kreißlauf vollzogen, und der Kampf zur See kehrte zu den ursprünglichsten Verhältnissen des Rammens und Enterns zurück. Einstweilen muß allerdings noch der Erfahrungs-Satz gelten, daß jede schützende Wehr auf die Dauer der Zerstörung durch Geschütz unterligt, oder doch zuletzt ihrer Bestimmung nicht mehr volle Genüge thut, falls sie feindliches Feuer nicht zugleich durch eigenes wirksam zu bekämpfen vermag. —

Die Stärke der für die französischen Schiffe gewählten Platten atte in den letzten Jahren eine Steigerung bis auf 7 u. 9″ ddc. rhn. erfahren. Außer diesen Platten haben die französischen Schiffe meistens noch eine so genannte eiserne Haut. Über die Rippen, woraus die Wände gebildet sind, kömt nemlich eine äußere und innere Beplankung, sobaß die Dicke des Holzes, je nach Bedeutung des Schiffes, 1—2½ Fuß beträgt. Auf den äußeren Planken sind nun die Platten des Panzers verbolzt, während die inneren noch eine Verkleidung mit schwächeren eisernen Platten, der Haut erhalten. Im Weiteren werden wir die Geschütze kennen lernen, womit die Flotte bewaffnet ist.

Hier stehe zuvörderst eine Aufzählung derjenigen Schiffe die bei einem nahen Kriege in Thätigkeit treten möchten. Nach Anzahl und Güte des Materiales darf die französische Flotte den ersten Rang in Europa beanspruchen, wenn sie auch, was Tüchtigkeit der Bemannung angehet, hinter der englischen zurück bleibt. Der Romane soll wol niemals, weder als Reiter noch als Matrose dem Germanen den Rang streitig machen. Allerdings ist dieser Umstand einstweilen mehr in Hintergrund getreten, und läßt sich über dessen fernere Bedeutung erst ein Urtheil gewinnen, wenn die Zukunft des Krieges zur See sich überhaupt wieder klarer heraus gebildet hat. —

Die Ordnung der Schiffe nach Gattungen angehend, so war bei Seglern und Dampfern die unterscheidende Abstufung zwischen Linien-Schiffen, Fregatten, Korvetten, Briggen u. s. w. einmal gegeben in der ganzen Gestalt, in der Anzahl Borte — mehr oder weniger Verdecke — (daher größere Menge Geschütze in Stocken über einander), dann aber auch in Größe, Zahl und Anordnung der Maste, sowie in der Takelung. Allerdings verwischten sich letztere Verschiedenheiten bei Dampfern mehr. Die drei erst ge= nannten Gattungen, die eigentlichen Kriegs=Schiffe haben übrigens stets drei Maste.

Heute wo wir gepanzerte Dampfer-Flotten haben, zeigen sich eines Theiles die alten Unterschiede noch minder scharf ausge= prägt, dann kommen aber anderes Theiles auch neue Gesichts=Punkte der Sichtung hinzu. Die Geschütze des obersten Stockes, die früher offen auf der Plattform des Schiffes standen, können da nicht mehr aushalten, und müßen entweder verschwinden, oder durch Thürme, die oft drehbar sind, umschloßen werden. Verschwindet diese Batterie so nähert sich z. B. die Fregatte, bis auf die verschiedene Gestalt, der Korvette. Denn allgemein galt bisher daß die Korvette nur einen Boden (Verdeck) im Schiffraume über dem Wasserspiegel hat, der gleich die oberste offene Plattform bildet; besteht über diesem Boden noch ein Dach, und wird dadurch ein bedecktes Stock gebildet, so heißt das Schiff Fregatte. Mehr denn ein bedecktes Stock haben nur die Linien=Schiffe, und nennt man sie demnach Zweidecker oder Dreidecker.

Da nun einer Seits die Fregatte ihre Batterie auf der Platt= form aufgibt (wenn sie nicht Thürme darauf stellen will), anderer Seits aber die Korvette ihr eines offenes Deck überbauen muß, so ist die Bewaffnung beider dieselbe — in einem Stocke —, und hört man dem gemäß in jüngster Zeit auch die Benennung Unter= decks=Korvette. Bau und Anderes bleiben allerdings nach wie vor verschieden. .

Wenn man früher Dreideckern 90—120, Zweideckern 60—90, Fregatten 40—60, und Korvetten 20—30 Geschütze beilegte, so soll sich, bei Aufzählung der französischen Schiffe zeigen, wie wenig das heute noch zutrift. Die verminderte Anzahl ist einmal Folge des Wegfalles der obersten Decks=Batterie, dann aber auch vor Allem der heute verwandten größeren Kaliber, und fort und fort verstärkter Platten. — Die Thurm= oder Kuppel=Schiffe haben sich noch nicht zur Geltung bringen gekonnt, da, bei der Hitze und dem Dröhnen durch Erschütterung anschlagender Geschoße, die Bedienungs=Mann= schaft in den engen Thürmen nicht wol ausdauern kann.

In größerer Anzahl sollen dargegen künftig wol die Widder-
schiffe vorhanden sein, denen man seit Lissa namentlich englischer
Seits warm das Wort redet. Bekannt sind auch die verschiedenen amerikanischen Versuchs-
Bauten: z. B. senkbare Schiffe, die in gegebenem Augenblicke fast
nur die Plattform über Wasser behalten, und enternde Feinde durch
Auslaßen siedender Dämpfe von derselben vertreiben; und mehr
dergleichen. Kurz ist noch über die kleineren Schiffe Einiges zu erwähnen.
Eine Brigg hat nur zwei Maste, doch mit fregattischer Zutakelung;
Schuner ebenfalls zwei, und Kutter einen, aber beide mit geringerer
Takelung. — An Stelle der kleinsten Kriegs-Schiffe, der Kanonen-
Bote, treten seit der allgemeinen Panzerung, schwimmende Batterien
von verschiedenem Gefüge. —

Aufzählung der französischen Kriegs-Schiffe.

A) Gepanzerte Schiffe.

		Pf.-Kraft.	Geschütze.	Köpfe.
1) Linien-Schiffe:	Magenta . . .	900	52	684
	Solférino . .	900	52	684
2) Fregatten:	Couronne . .	800	34	600
	Flandre . . .	900	34	580
	Friedland . .	950	12	750
	Gauloise . . .	900	14	580
	Gloire	800	32	570
	Guyenne . . .	900	14	580
	Héroine . . .	900	34	580
	Invincible . .	800	32	570
	Magnanime .	900	14	580
	Marengo . . .	950	12	750
	Normandie .	800	28	570
	Océan	950	12	750
	Provence . . .	900	34	580
	Revanche . . .	900	14	580
	Savoi	900	14	580
	Suffren . . .	950	12	750

	Pf.-Kraft.	Geschütze.	Köpfe.
Surveillante .	900	14	580
Valeureuse . .	900	14	580

3) Korvetten:

Alma	450	8	300
Armide	450	8	300
Atalanta . . .	450	8	300
Belliqueuse . .	450	10	300
Indienne . . .	450	8	300
Jeanne b'Arc .	450	8	300
Reine blanche	450	8	300
Thétis	450	8	300

4. Widderschiffe:

Taureau . . .	480	2	130
Tigre	500	2	130

Vorstehende Schiffe, 30 an der Zahl, würden die gepanzerte Flotte bilden, die Frankreich für größere Operationen zur See verfügbar hätte. Sie vertritt 23,280 Pferde-Kraft, ist mit 548 Geschützen bewaffnet und 15,098 Mann besetzt. —

Hierzu kommen alsdann aber, wesentlich für den Kriegs-Schutz der eigenen Küsten bestimmt, noch folgende, ebenfalls gepanzerte Schiffe. —

	Pf.-Kraft.	Geschütze.	Köpfe.
5. Wachtschiffe: Bélier	530	2	150
Boulebogue .	530	2	150
Cerbère	530	2	150

6. Schwimmende Küsten - Batterien:

Arrogante . .	120	9	212
Congrève . .	150	18	282
Dévastation .	150	16	282
Embuscade . .	120	9	212
Foudroyante .	150	18	282
Implacable . .	120	9	212
Imprenable .	120	9	212
Lave	150	16	282
Opiniâtre . . .	120	9	212
Paixhans . .	150	16	212
Palestro . . .	150	16	212
Peiho	150	16	212

	Pf.-Kraft.	Geſchütze.	Köpfe.
Protectrice . .	120	9	212
Refuge . . .	120	9	212
Saegon . . .	120	16	212
Tonnante . . .	150	16	282

Alle dieſe 35 letzt genannten Schiffe würden bei einem Kriege in den franzöſiſchen Gewäßern ſelbſt mit zur Geltung kommen. Sie haben 2160 Pferde-Kraft, 211 Geſchütze und 3742 Mann. —

Hiernach ſtellte alſo die geſammte gepanzerte Flotte, in ihren ſechs Gattungen, eine Streitmacht dar von 23,440 Pferde-Kraft, 759 Geſchützen und 18,840 Mann. —

Im Ganzen ſind es bis heute 65 Schiffe, die die Schlachten-Geſchwader der Zukunft bilden. Dazu treten nun aber in weit größerer Anzahl die Schiffe einer zweiten, ungepanzerten Flotte. Es ſind theils ältere, theils neuere Beſtände, deren künftige Beſtimmung hauptſächlich noch eine dreifache ſein möchte: einmal das Nachrichten-Weſen und die Befehls-Überbringung bei der kämpfenden Flotte als Schnellſegler zu vermitteln, ſowie der kleine Krieg; dann die Beförderung der Truppen zu Waßer; und endlich der Dienſt in den auswärtigen Niederlaßungen. Denn daß der See-Krieg noch länger Verhältniſſe biete, wo ungepanzerte Schiffe, mit einiger Ausſicht auf Erfolg, in rangierter Schlacht fechten ſollten — es ſei denn gegen andere ungepanzerte — darf nach dem ganzen, oben erörterten Verlaufe bezweifelt werden. Allerdings bleibt die geringere Anzahl Geſchütze, die man der ſtarken Panzerung, und der deshalb größeren Kaliber wegen, heute mit in den Kauf nehmen muß, immerhin ein ſo bedenklicher Umſtand, daß mancher Seits ein Rückſchlag für unausbleiblich gehalten, und ungepanzerten Kriegs-Schiffen eine erhöhte Bedeutung wieder in Ausſicht geſtellt iſt. —

Vor der Hand müßen wir aber von dieſer Möglichkeit abſehen, und wenn heute alle Staaten noch über reiches Material ungepanzerter Schiffe verfügen, ſo war es keine üble Auskunft, daß man vorkommendes Falles eine flüchtige Panzerung mit um geſchlungenen Ketten in Vorſchlag und Anwendung brachte; aber es galt eben aus der Noth eine Tugend zu machen, und man glaubte nicht, der überlegenen Menge des Geſchützes und größerer Gewandtheit der Bewegung alleine vertrauen zu dürfen.

Eine Übersicht gibt folgende summarische Aufzählung:

B) Ungepanzerte Schiffe.

1) 35 Schrauben-Linien-Schiffe mit 23,890 Pferde-Kraft, davon 12 Schnellsegler.

2, a) 25 Schrauben-Fregatten mit 12,340 Pf.-Kr., davon 19 Schnellsegler.

b) 13 Räder-Fregatten mit 6,140 Pf.-Kr., (ältere Bestände; bekanntlich werden die Schaufeln nicht mehr angewandt, da ein Schuß in dieselben das Schiff lahm legt.)

3, a) 16 Schrauben-Korvetten mit 6,720 Pf.-Kr.

b) 8 Räder-Korvetten mit 2,720 Pf.-Kr., (ältere Bestände).

4, a) 52 Schrauben-Brigge mit 7,795 Pf.-Kr.

b) 52 Räder-Brigge mit 5,870 Pf.-K., (ältere Bestände).

5, a) 25 eiserne, zerlegbare Schrauben-Kanonen-Bote mit 420 Pf.-Kr.

b) 40 hölzerne Räder-Kanonen-Bote mit 2,156 Pf.-Kr. (ältere Bestände).

6) 48 Schrauben-Schiffe mit 12,000 Pf.-Kr. Während die oben aufgezählten Linien-Schiffe, Fregatten und Korvetten ursprünglich zur Einstellung in die Schlachten-Geschwader bestimmt waren, und nur neuerdings zum Theile mit als Truppen-Beförderungs-Schiffe benutzt werden, sind die letzteren 48 Schiffe ausdrücklich dafür gebaut, und würden namentlich zur Aufnahme der Reiterei, Artillerie, des Trains u. s. w. dienen. —

Zusammen haben wir hier 314 Schiffe mit 80,051 Pf.-Kr. zu deren Bewaffnung einst gegen 4,900 Geschütze gehörten. Welch außerordentliche Kosten allen Staaten durch die technischen Fort-schritte und unstäten Wandelungen in wehrthümlichen Dingen er-wachsen, lehrt allein wieder einmal obiger Posten von 35 Linien-Schiffen. Für den leichten Kundschafts-Dienst bei der gepanzerten Flotte, demjenigen der leichten Reiterei im Felde vergleichbar, eignet sich diese Gattung, wegen ihrer Größe, weniger benn Fregatten, Korvetten und Brigge. Ihnen vor allen wird daher der Dienst in den Niederlaßungen und die Beförderung zufallen.

Nach zu tragen ist hier noch, daß alle ungepanzerten Schiffe in vorderer und hinterer Spitze, in Bug und Heck, je ein oder zwei schwere Geschütze führen, deren Feuer Annäherung, Verfolgung und Rückzug begleitet. Sie haben den Namen Jagd-Geschütze. —

Nun gibt es schließlich, während alle bisher aufgeführten, gepanzerte oder ungepanzerte, doch Dampfer sind, auch noch eine dritte Klasse: nemlich S e g e l s ch i f f e. Ihre Bedeutung kömt für den Kampf zur See, d. h. für das eigentliche Gefecht, gar nicht mehr zur Sprache, da sie ja auch nicht als leichtere und schneller segelnde Schiffe eine Rolle spielen können. Vorwiegend benutzt werden sie daher wieder zur Beförderung der Truppen; dann als Schul-Schiffe, in welcher Hinsicht sie theilweise sogar den Vorzug vor Dampfern haben, in so ferne das rein nautische Wesen beßer zur Anschauung sich bringen läßt; endlich dienen sie, und zwar zumahl die Kutter, zur Handhabung der Hafen-Polizei, und Überwachung des Fischfanges an der Küste. Es sind im Ganzen 125 Segler mit 1,300 Geschützen. Nach Gattungen ordnen sie sich:

1 Linien-Schiff.
17 Fregatten.
8 Korvetten.
29 Brigge.
29 Beförderungs-Schiffe.
43 Kutter.

Mit der Zeit wird diese Klasse jedes Falles und in weiterem Maße schwinden denn in Betreffe der ungepanzerten Dampfer erwartet werden darf.

Im Anschluße muß hier auch eines kleinen Geschwaders eilf schwimmender Batterien für Seen und Flüße gedacht werden. Sie laßen sich, ebenso als die größeren dieser Gattung, zerlegen und alsdann leicht zu Lande befördern, so daß sie in einem nächsten Kriege vielleicht nicht ohne Nutzen auf dem Rheine gebraucht werden möchten. Eine jede Batterie führt zwei Geschütze, und vertritt 264 Pf.-Kr.

Man erinnere sich daß seiner Zeit die Franzosen, gleich nach der Schlacht von Magenta, die Überführung einer Flotille für den Lago di Garda schon in Angriff genommen hatten, die nur in Folge des Waffen-Stillstandes nicht mehr zur Verwendung kam.

Bewaffnung der Flotte.

Die Geschütze der französischen Marine sind theils Vorderlader (charge-bouche), theils Hinterlader (charge-culasse);* das Material ist meistens Gußeisen.

Der leichteste Vorderlader ist der 6 Zöller (genau 6,112" dee.) Das Rohr ist 16²/₃ Kaliber lang, und wigt 7474 Pfd. Hinten sind um dasselbe sieben stählerne Ringe oder Bänder von 4,4" Dicke gelegt, die bis zu den Schildzapfen reichen. Die wichtigsten Abmeßungen sind nach amtlichen Angaben folgende:

Ganze Länge des Rohres	124,25 dec. rhn.
Ganze Länge der Seele	105,13
Länge der Traube	9,94
Länge vom Ende der Traube bis zum Anfange der Reifen	14,34
Länge der Bereifung	37,27
Länge von deren Ende bis zur Mitte der Schildzapfen.	4,01
Versenkung der Schildzapfen	3,44
Aus einander Stellung der Anguß-Scheiben	21,41
Länge der Schildzapfen	6,50
Durchmeßer der Schildzapfen	6,88
Zündloch mündet vor dem Boden . . .	2,48
Durchmeßer der Seele	6,11
Durchmeßer des Gußeisens unter den Reifen	18,66
Durchmeßer der Verstärkung	22,94
Durchmeßer des Gußeisens vor den Reifen .	22,17
Durchmeßer an der Mündung	11,85

Übrigens sind später auch 6 Zöller von einem auf 6800 Pfd. herab geminderten Gewichte eingestellt.

Die Hinterwichtigkeit beträgt 460 Pfd. Das Geschütz hat drei Züge mit progressivem Tralle von 0—30 Kalibern. Das gußeiserne Geschoß mit tonischem Kopfe ist 2 Kaliber lang, und hat drei zinkene Warzen. Die 60 Pfd. schwere Granate enthält 7 Pfd. Spreng-ladung; die Vollgeschoße haben 96 Pfd. Gewicht. 15 Pfd. Pulver ist die gewöhnliche Gebrauchs-Ladung.

---

* Anstatt der bisherigen Umschreibung „se chargeant par la bouche, par la culasse" sagt man neuerdings kürzer und in imperativischer Fügung charge-bouche, charge-culasse; also wie porte-épée, tire-bourre, garde-magasin u. f. w.

Ein anderer Vorderlader ist der 9 Zöller (genau 9,168" bdc.) Er kam zuerst bei Schießversuchen zu Gâvres bei Lorient zur An= wendung. Das Bodenstück desselben ist gleichfalls mit stählernen Reifen umgeben. Man wählte stählerne Langgeschoße mit Warzen= Führung von etwa 2 ½ Kalibers = Länge und mit kugelförmiger Spitze. —

Durch die Konstruktion vom Jahre 1864 sind in Frankreich für Marine= und Küsten = Artillerie gezogene Hinterlader, von Gußeisen mit stählernen Ringen versehen, zur Ein= führung gelangt, neben welchen noch die älteren gezogenen Vorder= lader bestehen.

Es sind vier Kaliber des neuen Systemes, theilweise den früher gebräuchlichen entsprechend, so entstanden, nämlich die Kanonen von beziehungsweise 16, 19, 24, 27 Centimeter. Daneben sind ver= suchsweise 2 Geschütze von 42 Cm. Bohrung hergestellt, welche als glatte Hinterlader den amerikanischen Rodman=Kanonen sich hin= sichtlich des bei ihrer Konstruktion maßgebenden Gedankens ihrer Verwendung gegen sehr nahe Ziele, zur Seite stellen. Von diesen Geschützen erschien das eine seiner Zeit auf der Pariser Ausstellung des Jahres 1867, während das andere nach Gâvres zur Ausführung entsprechender Versuche abgegeben ward.

Sämmtliche Geschütze sind hohl über dem Kerne, mit dem Bodenstücke nach oben gegoßen; dabei erhält das mittels zweier Steigröhren einfließende Metall eine drehende Bewegung um die Seele. Die Gießerei von Ruelle erfuhr eine große Vermehrung ihrer Maschinen und beliefen sich am 31. Oktober 1867 die hierfür verwandten gesammten Ausgaben, ohne hierin ihre Erledigung zu finden, bereits auf 1,687,000 Franken.

Im Laufe vierer Jahre sind an den der neuen Konstruktion zugehörigen Geschützen dort erzeugt:

16 Zöller — 2 Stück von 42 Cm. = 16,044" bdc. rhn. Durchm.
10 „ — 9 „ „ 27 „ = 10,314" „ „
9 „ — 61 „ „ 24 „ = 9,168" „ „
7 „ — 150 „ „ 19 „ = 7,258" „ „
6 „ — 80 „ „ 16 „ = 6,112" „ „

in Summe 300 Geschütze.

Der Werkſtatts-Preis dieſer Stücke, uneingerechnet der durch die Beſoldung der Beamten ꝛc. entſtehenden weiteren Unkoſten, beläuft ſich für ein Geſchütz von

42 Cm. auf 31,300 Franken
27 „ „ 17,100 „
24 „ „ 11,970 „
19 „ „ 6,989 „
16 „ „ 4,700 „

Der Puddel-Stahl, welcher zu den Umringungen und zu dem Verſchluße verwandt wird, iſt inländiſcher aus der Fabrik der Herren Petin, Gaudet und Komp. zu Rive-Giers.

Die Verſchiedenheiten in den vier oben bezeichneten Kalibern ſind keine ſolche, welche der Schöpfung das Weſen einer einheitlichen Konſtruktion nehmen könnten.

Das Geſchütz von 16 Cm. hat nur eine Lage Ringe, die ſchwereren Kaliber deren zweie über einander. Die Umringung reicht ſtets bis zum Beginne des langen Feldes, ſo daß der vorderſte Ring die Schildzapfen trägt. Der innere Durchmeßer der Ringe iſt etwas kleiner denn der äußere des gußeiſernen Geſchütz-Körpers; die Ringe werden durch Anwärmen ausgedehnt und in dieſem Zuſtande auf-
geſchoben, ſo daß die Spannung, mit welcher ſie nach dem Erkalten aufliegen, ein genügendes Mittel ihrer Befeſtigung gewährt.

Der Ladungs-Raum des Rohres iſt in ſeinem Durchmeßer nur um die Tiefe der Züge größer denn der der Seele; mit einem Übergangs-Konus von 6° erfolgt der Anſchluß beider Theile.

Die Züge beſitzen progreſſiven und zwar paraboliſchen Drall, um die Rotation des Geſchoßes allmählicher bis zu der, für die Regelmäßigkeit der Flugbahn erforderlichen Stärke einzuleiten. Das Zugs-Profil wird in ſeiner Baſis durch einen concentriſch beſchrie-
benen Kreisbogen gebildet, während die Seiten ſenkrecht auf der Sehne des Bogens ſtehen und an den Kanten leicht abgerundet ſind. Die Tiefe der Züge verringert ſich allmählich bis zu einem gewiſſen Punkte, von wo ab ſie bis zur Mündung hin gleichförmig bleibt.

Das Geſchütz von 16 Cm. beſitzt 3 Züge, die anderen Kaliber haben deren 5. Stets geht ein Zug durch die ganze Ausbohrung der Seele hindurch und wird mit Nr. 1 bezeichnet. Die übrigen Züge ſind gleichfalls numeriert, indem man dabei die gebräuchliche Richtung der Umbrehung als maßgebend für die Reihen-Folge der Nummern einhält.

Der Verschluß, ganz aus Stahl bestehend, ist im Wesentlichen der schon früher von Eastman vorgeschlagene Schrauben-Verschluß. Hierbei ist der cylindrische Mantel in sechs gleiche Theile getheilt, von denen immer einer abwechselnd mit Gewinden versehen ist, welche auf dem folgenden weg geschnitten sind. Eine ähnliche Einrichtung besitzt der als Mutter dienende hinterste Theil des Rohres. Indem man nun beim Schließen den Cylinder so einschiebt, daß seine Gewinde mit den glatten Flächen der Mutter korrespondieren, genügt hierauf nur $\frac{1}{6}$ Umbrehung mittels der Kurbel, um sämmtliche Gewinde in einander greifen zu laßen. Um in dieser Beziehung sofort erkennen zu können, ob der Verschluß auch wirklich geschloßen ward, muß, falls dieß geschehen, eine Sperrklinke in die Kurbel fallen; auch kann nur dann die Stoppine zum Abfeuern durch eine sonst geschloßene Ofe eingeführt werden.

Der Schrauben-Verschluß hat an der Stirne einen Vorstand, der durch den Verschluß-Platten-Träger geht; auf diesem ist die stählerne Verschluß-Platte mittels eines Stiftes befestigt. Dabei ist die Einrichtung getroffen, daß unter Vertauschung des Platten-Trägers und der Platte, diese eine veränderte Stellung nach rückwärts erhalten kann, um Dichtung auch dann noch zu erzielen, falls sich am vorderen Lager Ausbrennungen zeigen. Das Gewicht beträgt für eine Kanone von

16 Cm. 9,900 Pfd.
19 „ 16,000 „
24 „ 30,000 „

Die Geschoße sind in der Nähe ihres Schwerpunktes mit Warzen versehen, welche die Führung in den Zügen bewirken. Sie sind an den Führungs-Flächen sehr glatt und füllen die Züge völlig aus. Eine andere Reihe von Warzen, in der Nähe des Geschoß-Bodens angebracht, berührt nur die tiefsten Punkte der Zug-Basis, um die sonst eintretenden starken Oscillationen der Geschoße während der Führung abzuschwächen. Das Material für die Warzen ist bei dem Geschütze von 16 Cm. Zinl, bei den übrigen Kupfer.

Die Geschoße zerfallen in Vollgeschoße von Stahl und in Granaten; erstere sind ausschließlich gegen Panzer bestimmt, theils cylindrisch, theils mit ogivaler Spitze, und wiegen das dreifache der runden Kugel. Die Granaten besitzen ogivale Spitze und vertreten das zwiefache Gewicht des runden Geschoßes.

Die Labung ist stets $\frac{1}{6}$ geschoßschwer, daher von der Natur des letzteren abhängig. Sie befindet sich in einer Kartusche, deren

Durchmeſſer 0,85 des Ladungs-Raumes beträgt. Zwiſchen Ge-
ſchoß und Ladung wird noch ein Vorſchlag von einer Kalibers-
Länge eingeſetzt, welcher die nachtheiligen Einflüße des Spielraumes
beſchränken ſoll.

Nachſtehend folgt eine Zuſammen-Stellung von Geſchoß- und
Ladungs-Gewicht bei den einzelnen Kalibern.

6 Zöller	{ Granate	. .	Pfd.	60	—	10	Pfd.	Ladung
	{ Vollgeſchoß	.	„	90	—	15	„	„
7 Zöller	{ Granate	. .	„	100	—	17	„	„
	{ Vollgeſchoß	.	„	150	—	25	„	„
9 Zöller	{ Granate	. .	„	192	—	32	„	„
	{ Vollgeſchoß	.	„	288	—	48	„	„
10 Zöller	{ Granate	. .	„	290	—	50	„	„
	{ Vollgeſchoß	.	„	432	—	72	„	„

Beurtheilung des Syſtemes.

Wahl des Materiales.

Auf die Wahl des Gußſtahles als Geſchütz-Körpers mag man
wohl deßhalb verzichtet haben, um hierin nicht dem Auslande gegenüber in Abhängigkeit zu gerathen. Ebenſo konnte nur die engliſche
Schmideiſens-Induſtrie, nicht wohl die franzöſiſche, auf dieſes Material rückſichtigen. So blieb man dann gewiſſer Maßen auf Bronze
oder Gußeiſen angewieſen und entſchied ſich für das letztere. Auch
die Erwägung des Koſten-Preiſes mag hierbei eine Rolle geſpielt
haben; es koſtet nämlich
der engliſche 9 Zöller (= 22,8 Cm.) 37,500 bis 40,000 Franken,
„ preußiſche 9 Zöller ungefähr   86,000 Franken,
während das franzöſiſche Geſchütz von 24 Cm. trotz des etwas größeren
Kalibers nur ungefähr 12,000 Franken (ſieh oben) koſtet.

Eine Umringung mit ſtählernen Reifen, die ja für die Folge
ſelbſt bei ſchweren gußſtählernen Geſchützen eintreten ſoll, muſte deshalb hier unumgänglich nothwendig erſcheinen. Dabei iſt indeſſen
nicht ſowohl an eine bloße mechaniſche Verſtärkung des Rohres zu
denken, ſondern es iſt vor Allem Zweck ſolcher Reifen, die inneren
Rohres-Schichten, deren Kohäſion am meiſten beanſprucht wird, zuſammen zu preſſen, derart, daß ſolcher Druck von der Spannung
der Gaſe erſt aufgehoben werden muß, ehe dieſe dann weiter eine
Ausdehnung des Metalles anſtreben kann. Werden nun hierdurch

4*

die Ringe selbst von Hause aus in den Zustand bleibender Spannung versetzt, so wird doch deren Kohäsion weit weniger beim Schuße beansprucht (Longridge, Vorlesung in der Versammlung englischer Ingenieure).

Der Rohres-Verschluß der französischen Hinterlader hat sich allgemein als völlig tauglich gezeigt. Ein Unglücks-Fall, welcher sich am Borte des Montebello zutrug und wahrscheinlich darin seine Erklärung findet, daß man versäumt hatte, durch Drehung der Kurbel den Verschluß wirklich zu schließen, ist Veranlaßung geworden, in der oben gedachten Weise schon durch die Konstruktion ein ähnliches Vorkommniß zu verhindern. Dagegen zeigten viele Versuche, daß bei den flachen Schrauben-Gängen ein Öffnen des Verschlußes durch den Schuß selbst nicht möglich ist. In Nuelle wurden mehrere Geschütze zersprengt, wobei der hintere Theil mit dem Verschluße fort flog, welcher letztere nach dem Ausschrauben weiter gebraucht werden konnte.

Um eine noch größere Haltbarkeit zu erzielen, ist versuchsweise bei einem 16 Cm. Rohre eine bis zu den Schildzapfen reichende stählerne Seele eingesetzt.

Die Haltbarkeit der Geschütze ist vielen befriedigenden Versuchen unterworfen, deren einige hier folgen mögen.

Aus einer 16 Cm. Kanone wurden 850 Schuß, davon 500 mit Vollgeschoßen (90 Pfd.) und zugehörigen Ladungen (15 Pfd.) abgegeben. Nach dem Zerschneiden des Rohres wurden die stählernen Ringe abgelöst und diese nahmen nunmehr ihre alten Formen vor der Beringung wieder an, gewiß ein hohes Zeugniß für die dem Materiale inne wohnende Elasticität.

Drei andere Geschütze gleiches Kalibers gaben 520, 204, 1000 Schuß ab und davon beziehungsweise 500, 174, 716 mit Vollgeschoßen.

Vier Geschütze von 19 Cm. Durchmesser gaben 669, 878, 265, 1000 Schuß ab und zwar davon bez. 452, 878, 255, 935 mit Vollgeschoßen (150 Pfd. bei 25 Pfd. Ladung).

Eine Kanone von 24 Cm. Kaliber that 537 Schuß, davon 400 mit 40 Pfd. und 100 mit 48 Pfd. Ladung, unter Gebrauch von Vollgeschoßen. Bei einem anderen Geschütze stieg die Anzahl der Schuße bis 1000, die fast alle bei stärkster Anstrengung des Rohres abgegeben wurden.

Eine Kanone von 27 Cm. that 248 Schuß, wovon 142 mit Vollgeschoßen von 432 Pfd. bei 72 Pfd. Ladung.

Ein Versuchs-Geschütz von 16ᶜᵐ· mit eingesetzter stählerner Röhre gab 700 Schuß mit Vollgeschoßen ab, und hier von geschahen 400 mit dem sehr brisanten englischen Pulver.

Alle diese Geschütze waren nicht zersprungen, sondern vorher zurück gezogen, weil Risse, ihre weitere Haltbarkeit in Frage stellten. Es ward die Erfahrung gemacht, daß sich solche Risse schon nach wenigen Schüssen in allen Zügen bilden, deren Ausdehnung indessen nur langsam fort schreitet; nach einigen 100 Schuß nehmen sie eine furchenartige Gestalt an. Bei dem 16ᶜᵐ· Rohre mit stählerner Seele trat indessen selbst nach 700 Schuß noch keine Unbrauchbarkeit ein.

Es ist deshalb der Schluß zu ziehen, daß der Konstruction vom Jahre 1864 eine große Widerstands-Fähigkeit inne wohnt, gegenüber den an sie gestellten Anforderungen.

Dieser Ausspruch verliert indessen viel an Bedeutung, wenn man die Leistungs-Fähigkeit dieser Geschütze untersucht.

Die Wirkung von Geschoßen wider Panzer hängt, abgesehen von Material und Form, sowohl von der Masse als der Geschwindigkeit ab, mit welcher das Ziel getroffen wird, derart, daß eine Verminderung des einen Faktors durch eine Vermehrung des anderen ausgeglichen werden kann. Doch ist der mathematische Ausdruck der lebendigen Kraft (Produkt aus Masse in das Quadrat der Geschwindigkeit) in der Praxis für die Beurtheilung der Geschoßes-Wirkung kein zutreffender, da bei seiner Entwicklung auf die Vibrationen der getroffenen Stellen keine Rücksicht genommen ist. Soll eine Panzer-Platte durchbrochen werden, so kömt es vor Allem auf eine hohe Geschoßes-Geschwindigkeit an, deren Mangel nicht in dem Verhältnisse der lebendigen Kräfte durch vermehrte Masse zu ersetzen ist, indem sonst die Theilchen mehr Zeit zur Übertragung des Stoßes auf einander behalten.

Die Anfangs-Geschwindigkeiten, welche die französischen Geschoße erhalten, müssen nun aber als relativ geringe bezeichnet werden. Für Vollgeschoße und zugehörige Ladungen betragen jene nämlich bei der Kanone von

$$16ᶜᵐ· — 331,2 ᴹ· = 1055,27' \text{ obr. rhn.}$$
$$19 \text{ „ } — 327,9 \text{ „ } = 1044,75 \text{ „}$$
$$24 \text{ „ } — 318 *) \text{ „ } = 1013,21' \text{ „}$$

*) Nach: Nicaise, batteries cuirassées, stellt sich dieser Werth auf 328,17 ᴹ.

Vergleicht man hier mit die Ergebnisse, welche mit den englischen Geschützen erzielt wurden, so ergibt sich beim
17,7Cm. = engl. 7 Zöller Geschoß 104 Pfd. Geschw.: 446,825 M.
= 1422,4' bbr. rhn.
20,3Cm. = engl. 8 Zöller Geschoß 163 Pfd. Geschw.: 405,650 M.
= 1291,3' bbr. rhn.
22,8Cm. = engl. 9 Zöller Geschoß 226,5 Pfd. Geschw.: 408,7 M.
= 1301' bbr. rhn.

Der preußische 96er (9" = 23,5Cm.) gibt mit Grüson'-
schen Hartguß-Granaten von 288 Pfd. nun 415,71 M. = 1323,3'
Geschw., mit stählerner Granate von 246 Pfd. aber 446,1 M. =
1419,8'. Endlich sind mit dem preußischen Ring 72er (8 Zöller)
(200 Pfd. Geschoß, 34 Pfd. Lab.) 1435' Geschwindigkeit erzielt,
eine Zahl, welche auch in Zukunft von den analog zu konstruieren-
den 96ern erreicht werden soll.

Berücksichtigt man nun, daß der englische 9 Zöller eine
8zöllige Platte auf der Widerlage des Panzerschiffes „König Wil-
helm" zwar meist, aber nicht immer durchbricht, ein Ergebniß, welches der Ring — 72er (8 Zöller) stets leistete, so läßt sich
mit voller Gewißheit voraussehen, daß die französischen Geschütze den neuesten Panzerungen gegenüber nicht aus-
reichen.*)

Die Haltbarkeit jener Geschütze ist es jedenfalls, die es ver-
bietet, ihnen die für ihren Zweck nothwendigen Anstrengungen zu
zumuthen.

Was endlich das Versuchs-Geschütz von 42Cm. glatter Bohrung
anlangt, so läßt sich aus den, in England mit dem 15zölligen
Rodman-Geschütz im Juni 1868 gemachten Versuchen ableiten, daß
auch dieser Weg mittels runder Kugeln größesten Kalibers, Platten
zu erschüttern, nicht in genügendem Maße zum Ziele führen kann. —

---

*) Der preußische 96/er wird in seiner neuen Konstruction stets die
9zöllige Platte des gedachten Panzerschiffes durchbohren. Der neue Ring 21/er
geht bei 1435' Geschw. bereits stets durch 5", während er 6" ebenso oft durchbricht, als er dieß nicht vermag. Dieses Ergebniß vermochte im März und Juni
des vorigen Jahres nicht einmal der 96/er mit einer der französischen Geschoßen entsprechenden Geschwindigkeit zu erreichen, wozu
wohl auch der dicke Bleimantel noch beitrug, der inzwischen entweder durch den
dünnen Mantel (bei der stählernen Granate) ersetzt ward, oder durch Anwendung einer langen Spitze des Geschoßes unschädlicher gemacht würde.
Man sieht hieraus den Einfluß großer Geschwindigkeit.

Bei dieser Steigerung der Kaliber, (die also, wenn sie ihren
Zweck erreichte, sofort eine abermalige Verstärkung der Panzer nach
sich zöge, wie sie selber ja erst eine Folge verdickter Platten war)
vergesse man auch eines nicht: daß ganz gleichen Schritt damit die
zunehmende Minderung der Menge des Geschützes gehet, die durch
die größeren Kaliber nicht ausgeglichen werden kann. Alle gepanzerten Flotten kranken an zu geringer Bestückung.

— Die Treffsicherheit der französischen Geschütze ist durch
den vorhandenen Spielraum jedenfalls beeinträchtigt. Es ist eine
eigenthümliche Erscheinung, daß man, nachdem die Frage des Verschlußes in Frankreich scheinbar glücklich gelöst ward (eine Schwierigkeit, die nach dem Ausspruche der ersten englischen Autoritäten
dort zu Vorladern greifen ließ), gleichwohl die Führung mittels
Warzen wählte. Denn die Anstrengung des Rohres ist bei dem
Systeme der Pression wohl kaum eine größere, während letztere zur
Schonung des Rohres gegenüber Ausbrennungen sehr viel beiträgt.
Der Vorschlag zwischen Geschoß und Ladung ist dazu bestimmt,
ähnlich wie die Wads des Armstrongischen Rohres die Nachtheile
des Spielraumes etwas zu mildern.

Bildungs-Anstalten der Marine.

Ergänzung der See-Officiere u. s. w.

Seit dem Jahre 1830 bestehet an Stelle einer Anzahl älterer
Schulen, für Heranbildung von See-Kadetten, zu Brest an Borde
eines auf dortiger Rhede ligenden Kriegs-Schiffes eine kaiserliche
See-Schule (école navale). — Eingerichtet ist dieselbe durch
Verordnungen vom 1. November 1830, 24. April 1832 und 4. Mai
1833. Sie stehet unter der Leitung eines Kapitaines zur See —
Linien-Schiffs-Kapitaines (capitaine de vaisseau). Zöglinge
werden nur noch bis zum Alter von 16 Jahren zugelaßen, und
müßen sich einer wißenschaftlichen Eintritts-Prüfung unterwerfen. Der
kostenfreie Besuch verpflichtet für eine Reihe Jahre zum Dienste des
Staates. Die Zöglinge verlaßen die Anstalt als Aspiranten 2ter
Klasse, und müßen, bevor sie zur Prüfung als Aspiranten 1ster
Klasse zugelaßen werden, entweder auf einem Kriegs-Schiffe gedient,
oder noch zwei Jahre die polytechnische Schule besucht haben. Diese

Aspiranten hießen früher gardes-marines, und entsprechen den Midshipmen der englischen Flotte. — Da vorkommendes Falles ein entstehender fühlbarer Mangel an See-Offizieren durch Kapitaine der Kauffartei (capitaines au long cours) gedeckt werden soll, so mag hier auch der hydrographischen Schulen gedacht werden, deren sechse in den hauptsächlichsten Häfen bestehen. Es sind Staats-Anstalten, zu deren Besuche alle zukünftigen Führer der Kauffahrer — capitaines au long cours und maitres de cabotage — verpflichtet sind.

Für Ausbildung von Schiffs-Baumeistern und Werft-Offizieren gibt es eine Marine-Ingenieur-Schule (école d'application du génie maritime) zu Lorient. Die Zahl der Zöglinge wird alljährlich bestimmt, und werden dieselben unter den, bei Abgange von polytechnischer Schule, sich Meldenden ausgewählt. Der Aufenthalt auf Schule beläuft sich auf zwei Jahre, während welcher Zeit sie auch Gelegenheit zur Ausübung des Gelernten erhalten.

Ebenfalls zu Lorient bestehet auch eine Marine-Artillerie-Schule, wo eines Theiles die angehenden See-Offiziere, anderen Theiles die zur Marine-Artillerie übertretenden Offiziere des Land-Heeres einen Nachhülfe-, bez. Fortbildungs-Kurs durchzumachen haben.

Ergänzung der See-Unteroffiziere.

Die Steuermänner, Steuermanns-Mate u. s. w. haben ihre Ausbildung, auch in so weit sie von der Kauffartei übergetreten sind, in den schon oben erwähnten hydrographischen Schulen erhalten, wo ein höherer Kurs für die werdenden Kapitäne der Kauffartei eingerichtet ist. — Für die Unteroffiziere an den Werften und im Maschinisten-Korps bestehen drei Schulen zu Brest, Toulon und Rochefort (écoles de maistrances). Sie sind im Jahre 1819 gegründet, und umfaßen in ihrem Plane alle Einzelheiten des Dienstes in den Häfen. Im Allgemeinen gilt, daß die Zöglinge zu drei Fünfteln aus den Schiffs-Zimmerleuten, die beiden anderen Fünftel aber aus allen anderen einschlagenden Gewerken gewählt werden.

Zu Toulon bestehet für die Marine eine Kriegs-Feuerwerkerei-Schule (école pyrotechnique maritime).

Mit Rücksicht auf mangelnde Vorbildung der sonst zu See-Unteroffizieren geeigneten Leute gibt es alsdann auch eine Anzahl niederer Schulen in den hauptsächlichsten Plätzen der Marine.

Matrosen-Ausbildung.

In den meisten Häfen Frankreichs befinden sich Schiffsjungen-
und Matrosen-Schulen, wo unentgeldlich Allen eine seemännische
Unterweisung ertheilt wird, einerlei ob dieselben sich von vorne herein
zur Kriegs-Flotte verpflichten, oder nicht. — Zu nennen ist hier auch eine
Schule für Ausbildung von Matrosen-Kanonieren. —

Für Waisen verdienter Matrosen, im Alter von sieben bis
dreizehen Jahren, gibt es zu Brest eine Erziehungs-Anstalt. Dieselbe befindet sich an Borte einer auf dem Lande ligenden, bis zur
Waßers-Linie eingegrabenen Korvette. Rings um hangende Netze
machen ein herab Stürzen der Kinder von den Masten ungefährlich.

Ergänzung der Offiziere der Marine-Truppen.

Schon Eingangs ward gesagt, daß diese Offiziere aus den
gleichen Bildungs-Anstalten mit denen des Land-Heeres hervorgehen:
also die Infanterie-Offiziere aus Saint-Chr, die Artilleristen jedes
Falles aus der polytechnischen Schule. Letztere können nun entweder sofort die Marine-Artillerie-Schule zu Lorient beziehen, oder
haben, wenn sie erst später, nach Besuche der Metzer Schule, sich
entschließen, dorten wenigstens einen Nachhülfe-Kurs (sieh oben)
durch zu machen.

Da immer eine gewisse Anzahl Ingenieur-Offiziere des Land-
Heeres, die ihre Ausbildung zu Metz erhalten haben, für den Bau
von Hafen-Befestigungen und den Dienst in den Niederlaßungen,
zur Marine abkommandiert sind (H. S. 192), so sind diese nicht
mit den aus der Marine-Ingenieur-Schule zu Lorient hervor ge-
gangenen zu verwechseln.

Befehls- und Verwaltungs-Bereich in der Marine.

Die höchste Stelle für die Flotte ist das Marine-Ministerium,
wo sowol Befehl als Verwaltung centralisiert sind, so daß der
Marine-Minister der Flotte gegenüber einen ähnlichen Einfluß
übt, als der Kriegs-Minister im Land-Heere. Das Marine-
Ministerium zerfällt ebenfalls in Direttionen, und zwar bestehen
deren fünfe: für Personal, Material, Verwaltung, auswärtige

Niederlaßungen und für Verrechnung. Angeschloßen sind außerdem eine Mittelstelle für die in verschiedenen Häfen gegründeten Invaliden-Kaßen, sowie eine Oberrechnungs = Kammer, als oberste Kontrol-Behörde.

Daß im Kriegs = Ministerium eine Stelle geschaffen sei, die vorkommendes Falles den Einklang zwischen Heer und Marine sichern solle, ward dorten schon gesagt (H. S. 192); eine entsprechende Stelle findet sich dann auch im Marine-Ministerium.

Neben den Direktionen bestehen nun wieder, genau als wir für die verschiedenen Waffen des Land-Heeres gesehen haben (H. S. 188, 199 u. f. w.) berathende Ausschüße, die, innerhalb ihres Wirkungs-Kreißes, unabhängig sind. Mitglieder sind, ihrem Range nach, Admirale u. f. w., die zur Zeit sich ohne besondere Verwendung finden. Bei wichtigen Fragen tritt ein eigener Admiralitäts-Rath zusammen, dem der Marine-Minister selber vorsitzt. —

Entsprechend der Eintheilung Frankreichs in große territoriale Armee = Korps = Bezirke gibt es auch fünf Marine = Gebiets = Ämter (arrondissements maritimes), mit den Sitzen zu Cherburg, Brest, Lorient, Rochefort und Toulon. An der Spitze eines jeden Gebietes stehet ein Marine-Präfekt in dem Range eines Vice= oder Konter-Abmirales. (Über deren Würde sieh im Folgenden.) Von ihm wird die Überwachung aller im Gebiete begriffenen Behörden, Anstalten, Werke, Niederlagen der Marine geübt, deren einige doch unmittelbar mit dem Marine-Minister, oder einem berathenden Ausschuße verkehren. — Für das Bedürfniß der Einrollierung der in den Gebieten heimischen Matrosen, zerfallen dieselben wieder in zwölf untere Bezirke (sous-arrondissements), und diese zusammen in acht und fünfzig Viertel (quartiers). —

Eben so befinden sich Vice= oder Konter-Abmirale als Gouverneure in den Niederlaßungen, mit der gleichen Stellung eines Marine-Präfekten in Frankreich.

Dagegen ist die schwimmende Flotte, zum Zwecke ihrer Friedens-Ausbildung, für gewöhnlich in drei große Geschwader (escadres) getheilt, von denen eines stets im mittelländischen Meere sich befindet. Das erste wird von einem Admirale, das zweite von einem Vice-Abmirale, das dritte von einem Konter-Abmirale befehligt. Jedes Geschwader kann dann wieder in drei Abtheilungen zerfallen. Sonst befehligen bei vereinigter Flotte die Vice-Abmiräle als Treffen-Führer unterm Abmirale, während ein Konter-Abmiral als Generalstabs-Chef amtiert.

Die Marine = Truppen: Infanterie und Artillerie (sich später)
stehen in Allgemeinem unmittelbar unter dem Marine = Minister,
außerdem aber, ähnlich als die des Land=Heeres, unter einem Divi=
sions=Generale ihrer Waffe. Doch ist der Einfluß eines solchen hier
größer, und beschränkt sich nicht auf Überwachung und Vermitteln
der Beziehungen zwischen Intendantur und Truppen, da er ja die
eigentliche fachmäßige Behörde ist. —

Nur immer jeweilig treten die Truppen unter Befehl des be=
treffenden Marine = Präfekten, der Hafen = Offiziere u. s. w. oder
wenn sie an Borte sind unter die höheren Flotten=Offiziere. —

Was nun die Anstalten der Marine am festen Lande betrifft,
die sich im Gebiete eines Marine=Präfekten finden können, so sind
das also einmal Docks, Werfte mit ihrem Personale, Schiffe in den
Häfen, Befestigungen, Unterkunfts=Räume, Schulen, Marine=Inten=
danzen, Verpflegungs=Ämter, Lazarethe, Gefängnisse u. s. w., dann
aber auch eine Reihe hier folgender Werkstätten und Niederlagen.

Von den längs allen Küsten befindlichen Zeughäusern der
Marine (arsenaux maritimes) sind die bedeutendsten zu Brest,
Cherburg und Toulon. Im Anschluße an die dortigen Werfte
begreifen die Zeughäuser Werkstätten für Segel, Seile und Taue,
Anker u. s. w. sowie Niederlagen fertiger Hölzer. Hierhin gehört
auch die Werkstätte für das Genie der Marine zu Indret. —

Sowol die Gießereien als die Werkstätten für Geschoße
bestehen getrennt von denjenigen des Land=Heeres.

Gußeiserne Rohre liefern die Gießereien von Ruelle und
Saint=Gervais, welch letztere jedoch vom Staate aufgegeben
werden soll; für Gußstahl ist die Gießerei zu Nevers. Ob die
früher zu Brest, Toulon und Port=Louis bestandenen Gießereien
eingegangen sind, oder nur noch der bürgerlichen Betriebsamkeit ge=
hören, ist nicht zu ersehen. *)

Werkstätten für Geschoße befinden sich zu Nevers, Mézières
und Charleville.

---

*) Auch für das Landheer gab es ehemals, außer den Gießereien zu Donay
und Bourges (H. S. 197), solche zu Pignerol, Besanzon und Nieder=Bronn.

Perſonal der Marine.

Nach dem Organiſations-Plane vom 1ſten Januare 1862 ſoll das Perſonal der Flotte und ihrer Anſtalten am feſten Lande fol-gender Maßen gegliedert ſein.

S t a b.

Admiräle, gegenwärtig		2
Vice-Admiräle		17
Konter-Admiräle		30
Kapitäne zur See	1. Klaſſe	64
	2. Klaſſe	66
Fregatten-Kapitäne		270
Lieutenante zur See	1. Klaſſe	368
	2. Klaſſe	374
(de vaisseau)	in feſter Stellung (en résidence fixe)	75
	in Unthätigkeit	8
Fähndriche zur See	in Thätigkeit	494
	in Unthätigkeit	6
Aſpiranten	1. Klaſſe	110
	2. Klaſſe	190
Maſchiniſten (mécaniciens)	en Chef	2
	Ober-Maſchiniſten 1. Klaſſe	8
	Ober-Maſchiniſten 2. Klaſſe	30
		2114

Hinſichtlich der allgemeinen Lage unterſcheidet man eben ſo als im Land-Heere vier Stellungen des Offizieres (H. S. 170).

Für die Admiräle, Vice- und Konter-Admiräle beſtehet dann, eben ſo als für Generalität, eine zweite Abtheilung (section), als ein mittleſes Verhältniſſ zwiſchen Thätigkeit und Ruhe-Stand, der preußiſchen Stellung zur Diſpoſition entſprechend, welch letzterer Ausdruck aber bekanntlich in Frankreich etwas anderes beſagt. Gegenwärtig bilden die zweite Abtheilung 14 Vice- und 20 Kontre-Admiräle.

Die Lieutenante in „feſter Stellung", ein Ausdruck der auch bei der Artillerie und dem Genie des Land-Heeres vorkömt, ſind Hafen-Offiziere u. dergl.

Den Rang der einzelnen Grade angehend, ſo ſtehen die

Admiräle durchaus den Reichs-Marschällen gleich, und haben Sitz und Stimme im Staats-Rathe. Vice-Admiräle haben den Rang der General-Lieutenants, Konter-Admiräle den der Generalmajore u. s. w.

Marine-Ingenieur-Korps.

Hierhin gehören die Schiffs-Baumeister, Werft-Offiziere und Hydrographen.

General-Inspekteur, gegenwärtig		1
Schiffs-Bau-Direktore		14
Ober-Ingenieur-Hydrographe		1
Ingenieure { 1. Klasse		21
2. Klasse		21
Ingenieur-Hydrographen { 1. Klasse		4
2. Klasse		4
Unter-Ingenieure { 1. Klasse		31
2. Klasse		21
3. Klasse		11
Unter-Ingenieur-Hydrographen { 1. Klasse		3
2. Klasse		2
3. Klasse		1
Ingenieur-Aspiranten (élèves ingénieurs)		20
Hydrographen-Aspiranten		2
		157

Die Tracht des Stabes und des Marine-Ingenieur-Korps bestehet in Allgemeinem in dunkel blauen Hosen und einem Frade oder Überrode gleicher Farbe; die Bedeckung des Kopfes ist ein schwarzer dreiediger Hut oder eine blaue tuchene Mütze. Die verschiedenen Zweige des Dienstes eben so als die Grade werden durch manigfache goldene Stidereien (Anker, Treffen, Schleifen u. s. w.), an Röden, Hüten und Mützen, sowie durch schlichte oder dicke Epaulette und Achselbänder ausgezeichnet. Die Waffen sind Säbel, Degen und Dolche, wozu unter Umständen auch Pistolen kommen. —

See-Unteroffiziere und Flotten-Mannschaften.

Als Rahmen für die See- und Werft=Unteroffiziere, als da sind Steuerleute, Unter-Maschinisten, Hafen-Meister, Stabs-Arbeiter, sowie für die Mannschaften: Matrosen, Heizer, Arbeiter u. s. w. bestehen am festen Lande folgende Abtheilungen, die, bis zur Abgabe der Leute an die Schiffe unter Anderem auch der Abrichtung dienen.

1 Marine-Unterstab.
5 Komp. Mastwächter und Steuerleute.
2 Komp. Matrosen-Kanoniere.
2 Komp. Matrosen-Füsiliere.
2 Maschinisten-Kompagnien.
14 Ersatz-Kompagnien der Werfte.
10 Matrosen-Abrichtungs-Kompagnien.
Schiffs-Jungen-Abtheilungen. —

Die Tracht bestehet in Hosen, Jacke und Mütze von blauem Tuche mit ähnlichen Abzeichen für die Zweige des Dienstes als bei den Offizieren. Die Unteroffiziere sind gemeiniglich durch Borten ausgezeichnet.

Verschiedene Verwaltungs-Zweige u. s. w.

Im Anschlusse sind hier noch die Verwaltungs-Beamten, Ärzte u. s. w. sowie das Gerichts-Personal zu behandeln.

Verwaltungs-Beamte.

Die Intendantur der Marine führt abweichend den Namen Kommissariat. Früher gab es wol den Titel Marine-Intendant, doch meinte man damit die Marine-Präfekten (sieh oben); er ward daher, um Verwechselungen vorzubeugen, beseitigt.

Die allgemeine Einrichtung des Kommissariates ist ziemlich die nemliche als die des Verwaltungs-Wesens im Land-Heere (H. S. 215—219); auch die Ergänzung geschiehet in gleicher Weise aus Offizieren und Unteroffizieren der Marine (H. S. 180—181). Die Benennungen der Grade sind übrigens theilweise andere: commissaire, agent administratif, agent comptable. General-Inspekteure gibt es 7, General-Kommissäre 13; für erstere findet sich auch wieder das Reserve-Verhältniß der Versetzung in zweite Klasse (section).

Die höheren Beamten des Kommissariates haben entweder ihre dauernde Verwendung an den Sitzen der Marine-Präfekten, wo Intendanzen bestehen, oder sie sind verfügbar im Marine-Ministerium

und, je nach ihrem Grade, Mitglieder des betreffenden berathenden
Ausschußes, oder Büreau-Vorstände. Die niederen sind in allen
Anstalten am Lande und auf der Flotte im Amte.
Das Kommissariat zählt in Ganzen 1239 Verwaltungs-Beamte.

Gesundheits-Dienst.

In Betreff des Ersatzes kann auf die Anstalten des Land-Heeres
verwiesen werden, an denen die Marine Theil hat. (H. S. 177—179).
An der Spitze des Dienstes stehet ein General-Inspektor und
ein Direktorium von drei Ärzten. Das ganze Personal begreift
597 Ärzte, bez. Wundärzte und 75 Apotheker. —
Übrigens ist die Benennung der einzelnen Grade wiederum
vielfach abweichend von den im Land-Heere üblichen Namen *).

Gerichts-Höfe.

Für die Gerichtsbarkeit der Marine bestehen zwölf Marine-
Gerichts-Höfe, davon sind zehen erster Instanz und durch die fünf
Marine-Gebiets-Ämter vertheilt; zweie, zu Brest und Toulon,
bilden die Nachprüfungs-Instanz. Außerdem gibt es zehen ständige
Kriegs-Gerichte, ebenfalls mit zweien Gerichten höherer Instanz.
Die Zuständigkeit der einen oder anderen Stelle ist bedingt
durch die Art des Vergehens, bez. durch den Ort des Vorfalles
und die bürgerliche Stellung des Angeschuldigten, die gerade bei der
Marine eine sehr manigfache ist. Die Zusammensetzung ist entsprechend derjenigen der Gerichts-Stellen des Land-Heeres (H. S.
221). Es versteht sich aber von selbst, daß bei einzelnen Abtheilungen, zu Wasser oder zu Lande, auch jeden Augenblick eigene
Kriegs-Gerichte sich bilden können. Das jüngste Gesetz-Buch der
Marine ist vom 4. Juni 1868.
Noch sind die am Borte der Schiffe zusammen tretenden Dis-
ciplinar-Räthe (conseil de justice) zu erwähnen, deren Zweck ist,
die Mannschaft von dauernd schädlichen Elementen, durch deren
Versetzung in Straf-Abtheilungen in den Niederlaßungen u. s. w.
zu befreien. Im Heere heißen sie conseil de discipline (H.
S. 24).

---

*) (H. S. 219.)

Marine-Geiſtlichkeit.

Unter einem Marine = Oberprediger (anmônier en chef) wird
der Dienſt der Seelſorge von 65 Geiſtlichen ausgeübt, von denen
52 vorkommendes Falles mit an Bort der Schiffe gehen.

Marine-Truppen.

Die allgemeine Beſtimmung der zur Marine gehörigen Truppen iſt einmal der Schutz der Häfen und Schiffe im heimiſchen
Lande, dann der Kriegs= und Beſatzungs=Dienſt in den Nieder-
laſſungen.

Über Organiſation, Ausrüſtung, inneren Dienſt und Verwal=
tung der Truppen beſonders zu handeln iſt nicht nöthig, da nur
auf bekannte Verhältniſſe des Land=Heeres verwieſen werden darf.
Alle ſind durch aufgeheftete oder geſtickte Anker ausgezeichnet, und
tragen die blauen Hoſen der See=Offiziere und Flotten=Mann-
ſchaften.

Abgeſehen von verſchiedenen Abtheilungen Gensdarmerie ſind
es zwei Waffen, die ſich bei der Marine vertreten finden: Fußvolk
und Artillerie. Sollte der Fortifikations=Dienſt, in den Häfen oder
im Felde, es nöthig machen, ſo muß das Land=Heer mit Offizieren
und Mannſchaften aushelfen; eigene Genie=Truppen hat die Marine nicht.

Marine-Infanterie.

Bisher beſtanden an heimiſchen, in Frankreich ſelbſt ausgehobe=
nen Fußtruppen der Marine vier Regimenter Linie.

Das Regiment hatte 3 Feld=Bataillone zu je 7 Kompagnien
und 1 Erſatz=Bataillon zu 6 Kompagnien. Daneben beſtanden,
wegen der vielen Entſendungen, noch 10 unverbundene Kompagnien,
die ſich jedoch einzeln den Regimentern angeſchloßen fanden.

Zuſammen vertraten dieſe Truppen, ohne Offiziere, eine Stärke
von 15,000—16,000 Mann, worunter 2,618 Unteroffiziere und
Korporäle gezählt wurden.

Damals hatte Frankreich an einheimiſchen Marine=Truppen
(zuſamt der Artillerie) gegen 21,000 Mann, während, zu Folge
des neuen Heeres=Ergänzungs=Planes, künftig 44,000 Mann in
neun Jahrgängen verfügbar ſind. Es frägt ſich daher, ob die oben

aufgeführten Rahmen in alter Weise erhalten bleiben sollen, oder ob auf Neuformationen — auch schon im Frieden — gerechnet werden darf.

Zu den vier Linien-Regimentern kommen nun aber noch andere Fußtruppen der Marine hinzu, die ihren Ersatz nicht, oder doch nur zu geringem Theile, in Frankreich finden, sich vielmehr in den Niederlaßungen, durch Werbung und Freiwillige, theils aus den dort eingeborenen Bevölkerungen, theils aus daselbst angesiedelten Franzosen ergänzen.

Zunächst sind hier zu nennen 6 Kompagnien „senegalischer Schützen." Organisation, Ausrüstung u. dergl. dieser Truppe entspricht derjenigen der Turkos; die Farben der Tracht sind ganz dieselben. Hosen, Jacke und Weste von blauem Zeuge mit gelben Borten (erstere auch weiß), rother Gurt oder Schärpe, rother Fez mit blauer Trobbel, weißer Turban, Schuhe, Gamaschen und Stauchen wie gewöhnlich. Das Lederzeug ist schwarz. Bewaffnet sind die Schützen mit fusil à deux coups.

Eine andere Truppe bestehet zu Pondichéry. Es sind dieß 2 Kompagnien Sipahi zu Fuße, meistens cipaïes, cipahis geschrieben, und nach dem Vorbilde der englischen Sepoys errichtet. In ihrer Ausrüstung u. s. w. folgen sie auch allgemein dem englisch-indischen Muster.

Sipahi und senegalische Schützen sind übrigens bloß örtliche Truppen.

An der Spitze der gesammte Marine-Infanterie stehet, wie schon früher erwähnt, ein Divisions-General dieser Waffe. Das Offizier-Korps ist in folgender Stärke vorhanden:

1 Divisions-General,
4 Brigade-Generäle, davon 2 in der Reserve-Klasse,
6 Obersten,
32 Bataillons-Cheffe und Majore,

194 Hauptleute
- 1. Klasse 89,
- 2. Klasse 96,
- in Unthätigkeit 9,

168 Lieutenante
- 1. Klasse 77,
- 2. Klasse 86,
- in Unthätigkeit 5,

149 Unterlieutenante   Summe: 554 Offiziere.

Zum besonderen Dienste bei den Truppen bestimmt sind noch 4 Stabs- und 18 Assistenz-Ärzle, die oben beim Gesundheits-Dienste noch nicht in das ärztliche Personal mit einbegriffen sind.

Marine-Artillerie.

Zuerst mag erinnert werden, daß zwischen dieser Truppe und den aus Flotten-Mannschaften gebildeten Kompagnien der Matrosen-Kanoniere keine Gemeinschaft bestehet; die Artillerie-Truppen sind in derselben Weise als das Fußvolk der Marine eingefügt. Es bestehen folgende Körper:

Acht und zwanzig Fuß-Batterien. Es sind, nach Organisation und Ausrüstung, Festungs-Kompagnien, denen auch in erster Reihe der Dienst in den Hafen-Batterien u. s. w. zufällt. Daneben gibt es noch eine Section Raketiere. Daß für diese zahlreichen Körper, die sich, der Art der Sache nach, immer weit zerstreut finden müßen, ein Regiments-Verband geschaffen ist, kann die Beziehungen nicht vereinfachen.

Um nun aber sowohl Geschütz in die Strand-Batterien einzuführen, als auch in den Niederlaßungen, eine Verwendung im Felde zu ermöglichen, bestehet noch, auch dem Regimente angehörig, eine besondere Kompagnie Fahrer. Dieses Verhältniß, durch Verknüpfen der Mannschaften und des Materiales verschiedener Rahmen, Feld-Artillerie herzustellen, ist also dem Land-Heere entlehnet; die Kompagnie der Fahrer ist eine Gattung des Artillerie-Trains.

Diese Körper begreifen zusammen 148 Offiziere, 549 Unteroffiziere und 2,910 Mann.

Ferner bestehen sechs Kompagnien Artillerie-Handwerker, mit 31 Offizieren, 137 Unteroffizieren und 947 Mann, für die bei den Zeughäusern der Marine befindlichen Artillerie-Werkstätten.

Auch eine eigene Regiments-Schule (école d'artillerie) gibt es für die Marine-Artillerie.

Es sind alles dem Land-Heere entsprechende Verhältnisse (H. S. 90 u. 198, sowie S. 110). Auch finden wir die Zeugwarte (gardes, H. S. 220) hier wieder.

Die oberste sachmäßige Behörde der Marine-Artillerie ist die Stelle eines Divisions-Generales. Eine Übersicht des gesammten Offizier-Korps in den Stäben, bei den Truppen und in den Werkstätten liefert folgende Tafel:

1 Divisions-General,

4 Brigade-Generäle, davon 2 in der Reserve-Klasse,

7 Obersten,

9 Oberstlieutenante,

22 Schwadrons-Cheffs und Majore, 1 davon in Unthätigkeit,

$$100 \text{ Hauptleute} \begin{cases} 1. \text{ Klasse} & 68, \\ 2. \text{ Klasse} & 34, \\ \text{in fester Stellung} & 3, \end{cases}$$

$$95 \text{ Lieutenants} \begin{cases} 1. \text{ Klasse} & 36, \\ 2. \text{ Klasse oder} \\ \text{Unterlieutenante} & 59, \quad \text{Summe 238 Offiziere.} \end{cases}$$

Dazu kommen dann in ihrer zweifelhaften Stellung zwischen Offizieren und Unteroffizieren zahlreiche „Gardes": Zeugwarte, Ober-Feuerwerker, Stück-Warteine, Stabs-Arbeiter u. s. w. — in runder Summe 100 Köpfe.

Für den ärztlichen Dienst bei den Truppen ist wiederum ein eigenes Personal von 1 Stabs-Arzte und 4 Assistenz-Ärzten vorhanden; in den meisten Fällen dürften wol die eigentlichen Marine-Ärzte mit von Nöthen sein. —

Marine-Gensdarmerie.

Für Handhabung der öffentlichen Ordnung in den Häfen, längs den Küsten in Frankreich, und dann wieder in den Niederlaßungen bestehen getrennte Abtheilungen der Gendarmerie.

In Frankreich sind es fünf Kompagnien mit den Stabs-Sitzen an den Hauptorten der Marine-Gebiets-Ämter. Die Stärke beträgt 604 Mann und 17 Offiziere — 2 Schwadrons-Cheffe, 4 Hauptleute, 9 Lieutenante, 2 Unterlieutenante. —

In den Niederlaßungen bestehen vier Kompagnien, und außerdem eine Anzahl kleinerer, selbständiger Abtheilungen (H. S. 223), die zum Etate der Marine gehören.

Hierhin gerechnet werden auch fünf Kompagnien Aufsichts-Mannschaften, die theils in französischen, theils auswärtigen Häfen stationirt sind, und denen die Bewachung der Galeeren-Sträflinge (die den preußischen Bau-Gefangenen sich vergleichen), und überhaupt der zu harter Zwangs-Arbeit Verurtheilten (H. S. 25) zufällt; es sind 422 Köpfe.

Straf-Truppen.

Ähnlich als das Land-Heer (H. S. 23—24) hat auch die Marine ihre Straf-Abtheilungen, die sich sowol aus Flotten-Mannschaften als aus Marine-Truppen ergänzen,

5*

Zu Lorient befindet sich eine Disciplinar-Kompagnie von ungefähr 200 Mann. Dabei amtieren 5 Offiziere und 22 Unter-Offiziere, die wiederum durch höheren Sold u. s. w. entschädigt werden. — Alsdann bestehet ein Disciplinar-Bataillon der Niederlaßungen. Es sind fünf Kompagnien, wovon eine als Depôt dient.

Frankreich besitzt Niederlaßungen in allen Theilen der Erde. Mit Ausnahme des als kriegerische Pflanzschule betrachteten Algeriens, gehören dieselben alle zum Amts-Bereiche des Marine-Ministeriums.

Die wichtigsten auswärtigen Ansitze, wo Marine-Truppen stets garnisonieren, sind Guadeloupe, Guyana, Martinique, Neu-Kaledonien, Pondichéry, Réunion, Senegal.